Ingeniero Gerardo Botticini

RECTIFICADO, DESBASTE Y TRONZADO

Editorial Alsina

Botticini, Gerardo
   Rectificado, desbaste y tronzado. - 1a ed. - Buenos Aires :
Librería y Editorial Alsina, 2007.
   161 p. ; 20x14 cm.

   ISBN 978-950-553-152-3

   1. Mecánica Técnica. I. Título
   CDD 621.9

Fecha de catalogación: 08/03/2007

Contenido

I. ESPECIFICACIONES

II. OPERACIONES DE AMOLADO

1. Rectificado de precisión
2. Rectificado manual
3. Amolado de desbaste
4. Tronzado

1. Rectificado de precisión con abrasivos convencionales
1a. Rectificado plano

1b. Rectificado cilíndrico exterior

Prólogo

Los buenos viejos tiempos han pasado ya...

Ahora, en plena era de competencia tecnológica, se requieren para los procesos fabriles de mecanizado conocimientos técnicos adecuados para lograr buenos resultados de costos y de calidad, en cualquier operación de amolado, por difícil que ésta sea.
Este manual lo guiará por las diversas tareas del rectificado, ya sea de precisión o de desbaste.

Las experiencias volcadas en el presente texto apuntan a describir y explicar las complejas relaciones entre las características de un cuerpo abrasivo, ya sea una rueda de amolar o una lima, o segmentos, y las condiciones de trabajo impuestas por una determinada máquina y sus parámetros de trabajo que define o elige el operador.

Son múltiples los factores que afectan el resultado, como ser las velocidades de avance o de corte, la profundidad de pasada, el proceso de diamantado, la lubricación, y muchos etcéteras, por lo cual se requieren conceptos claros para orientar esas decisiones que responden a una lógica determinada por la teoría y la experiencia que acá se pretende –aunque sea limitadamente– mostrar.

En la práctica industrial el usuario recibe la asistencia del fabricante de ruedas abrasivas, y la elección es el resultado de un proceso de prueba y error, por lo cual es conveniente que el técnico de producción conozca al menos algunos principios básicos sobre los cuales puede ejercer influencia.

Contra la vieja y primitiva idea de que una rueda abrasiva es una mezcla o mazacote de granos abrasivos y pasta ligante que "come bien", acá se presta especial atención a los conceptos de dureza y estructura, por ser muchas veces malinterpretados y elegidos erróneamente, aunque conforman el diseño o la arquitectura de una rueda de amolar y únicamente los buenos fabricantes los manejan científicamente. Paradójicamente, los poros, es decir los lugares vacíos, son tan importantes o más que el resto, y hacen a la determinación de esos parámetros antes mencionados.

Por último, si bien los modernos procesos tecnológicos tienden a mejorar las calidades superficiales y dimensionales de las piezas, tratando de eliminar la necesidad del amolado, éste sigue siendo, en cierta medida, un "mal necesario" que conlleva un inevitable costo, y por ello se pone bastante énfasis en la técnica correcta de su cálculo.

Parte I: Especificaciones

Tipos de abrasivos
Tamaño de grano
Ligantes
Estructura y dureza
Dimensiones
Forma de los cuerpos abrasivos
Velocidad de trabajo
El código de las características
Superabrasivos
Formulación

1. Tipos de abrasivos.

Existen en la naturaleza minerales muy duros que fueron originalmente utilizados para pulir y fabricar los primeros cuerpos abrasivos con las propiedades necesarias para lograr un buen efecto de rectificado.
Deben ser:
a) duros para mantener los filos cortantes;
b) estables a las altas temperaturas de contacto;
c) estables químicamente para evitar a esas temperaturas elevadas alguna reacción química con el aire o con el material en contacto.

Originalmente fueron productos naturales que hoy día son en su mayoría reemplazados por productos sintéticos de mejores y más controlables propiedades físicas y mecánicas.
Sus durezas relativas se indican en escala Mohs, por su capacidad de rayar uno al otro. Se asigna el número 10 al más duro, que es el diamante, llegando a 1 para el talco. En cambio, la escala Knoop establece una medida objetiva de dureza por la resistencia a la penetración de un buril de diamante piramidal lapidado con precisión, bajo una carga preestablecida de 100 grs.
La dureza Mohs se indica con el símbolo ("D"), mientras que la dureza Knoop con ("K100").
*Entre los abrasivos **naturales** encontramos los de la familia del óxido de aluminio y los silíceos.*

Corindón natural: *después del diamante, es de los más duros, tratándose de una forma cristalina del óxido de aluminio, o alúmina, con fórmula química Al2O3. Su pureza está en el orden del 85 al 98%, ocupando la dureza D=9 en la escala Mohs.*
Cuando se lo encuentra en estado de gran pureza da lugar a las piedras preciosas rubí y zafiro, mientras que en estado opaco, con impurezas silíceas y de hierro, da origen a los corindones de uso industrial.

Esmeril: *originalmente proveniente de la isla Naxos, de Grecia.*
Es un mineral de alúmina con pureza 60 a 70%, conteniendo impurezas de Fe, Mg y silicatos varios. Su dureza en escala Mohs es de D = 8, y fue muy utilizado para las ruedas abrasivas de uso general. Hoy día queda relegado a su uso en lijas y pulido de vidrio, entre algunas otras aplicaciones especiales, habiendo sido sustituido por el sintético.

Granate: *se presenta en la naturaleza con diversas composiciones y colores, siendo básicamente un trisilicato $3SiO2.Al2O3$ + óxidos de Fe, Ca, Mn, etc., y constituye una piedra semipreciosa con dureza Mohs de valor D = 7. No es apto para usarse con ligas vitrificadas (cerámicas), por su bajo punto de fusión, que es de 1.300°C.*
Siendo más duro que el cuarzo, es utilizado en lijas para maderas duras y otras aplicaciones no metalúrgicas.

Entre los productos naturales de estructura silícea, o sea que contienen SiO2, se encuentran varios con densidad aproximada de 2,6 g/cm^3 y durezas Mohs D = 7, como ser la arena, el cuarzo, etc.
Todos ellos quedan restringidos a su uso en lijas para madera y materiales no ferrosos.

*Entre los productos **artificiales** se encuentran tres grupos diferenciados:*
  -Corindones artificiales
  -Carburo de silicio
  -Superabrasivos diamante y nitruro de boro (borazon)

En el presente manual consideramos las dos primeras categorías como abrasivos convencionales, y al diamante y borazon con el término genérico de superabrasivos.
La alúmina Al2O3 calcinada y electrofundida, a partir de la bauxita, que es un óxido de aluminio hidratado natural, da un producto de alta dureza (D = 9 y K100 = 2.000), con temperatura de ablandamiento cercana a los 1.750°C y punto de fusión de 2.000°C. Su densidad es de aproximadamente 3,95 g/cm^3.
Según cómo se manejan las impurezas o los aditivos, se obtienen diversos tipos de corindones artificiales, que ahora denominamos OxAl (habitualmente también Alox).

OxAl común gris *(también llamado marrón): contiene una pequeña dosis de impurezas controladas (TiO2, SiO2, Fe2O3, etc.) que le imparten propiedades favorables a la tenacidad.*

OxAl **puro o blanco:** *contiene 99% de Al2O3; es muy frágil aunque duro, lo que le imparte propiedades beneficiosas para el rectificado de aceros duros tratados térmicamente, o sea templados.*

OxAl **monocristalino:** *se procesa especialmente, y su mayor costo se justifica por lograr mejor tenacidad que el blanco, y se adecua para el rectificado de aceros muy sensibles al calor.*

OxAl **rubí y rosado:** *se obtienen por el agregado de O3Cr2 a una alúmina muy pura, con lo que mejoran su tenacidad y resistencia al desgaste comparativamente con el blanco. También su costo va en aumento. Pero se logra un producto de excelentes propiedades de corte. Su campo de aplicación está principalmente entre los aceros templados*

El agregado de **óxido de zirconio** *da un abrasivo denso de altísima tenacidad, adecuado para tareas pesadas de desbaste.*

Como se ve, la gran variedad de tipos de corindones artificiales da lugar a una diversidad de campos de aplicaciones para los cuales los fabricantes dan sus recomendaciones.
La siguiente tabla resume la tenacidad versus la fragilidad –que en la tecnología de los abrasivos se denomina friabilidad–.

Mayor tenacidad ← —— Intermedio —— → mayor friabilidad						
	Zirconio	Gris	Semipuro	Monocrist.	Rubí	Rosado	¿
Al2O3	72%	96	98	99	97	98	99,5
Cr2O3					2	0,2	
ZrO2	26						
TiO2	0,4	3	1,5				
Fe2O3	0,6	0,1	0,15				
Otros	—————— el resto ——————						

Los carburos de silicio, que resultan de la electrofusión del sílice $SiO2$ con el carbón de coque, producen un producto de altísima dureza (D = 9,5) con aristas muy filosas y cortantes. Se obtienen en dos variantes, según su pureza.

	Negro	Verde
SiC	98%	99,7%
Fe	0,10	0,02
Si	0,20	0,03
Otros	------ el resto ---------	

Comparando con los corindones, siempre se habla de que los carburos son más frágiles, pero esto es cierto relativamente al tamaño de grano. Como se ve en el gráfico, hasta una malla de aproximadamente # 40, que corresponde a una partícula de diámetro 0,5 mm, los corindones resultan más tenaces, pero a medida que se achica el grano los carburos superan al Alox.

El problema que limita la aplicabilidad del SiC (también designado CSi) a los aceros es su afinidad química con el Fe, considerando las altas temperaturas reinantes en la zona de trabajo, que favorecen la reactividad.

Por eso queda limitado su uso a materiales de matriz perlítica con presencia de carburos no reaccionantes con el SiC y a los materiales no ferrosos. Salvo en operaciones de pulido con granos muy finos, donde las temperaturas de contacto no son tan altas, encuentra muy buena aplicabilidad el SiC negro. Por ejemplo, en limas bruñidoras.

Obviamente, debido a su dureza extremadamente alta encuentran buena aplicación en los materiales pétreos.

Otra propiedad importante, que lo diferencia de los corindones, es su refractariedad o buen comportamiento a altas temperaturas. Su punto de ablandamiento comienza en los 2.000°C, y recién a 2400°C se produce la recristalización, o sea que es muy estable y no atacable por los ácidos (el ácido fosfórico únicamente lo ataca a 300°C).

Su conductibilidad térmica es mejor que la del corindón, lo que le permite disipar mejor la alta temperatura de la zona de contacto, y su dilatación térmica es menor, tal como se ejemplifica en los gráficos.

Por supuesto, estas propiedades desmejoran a medida que aumenta la temperatura.

Durezas comparativas para diversos materiales en escalas:	Mohs	Knoop x100
Diamante	10	–
SiC verde	9,5	2.875
SiC negro	9,5	2.840
Corindón artific.	9	2.000
Carburo tungsteno	8	1.700
Cuarzo	7	960
Acero rápido y templados	6	800
Vidrio común	5	400
Talco	1	20

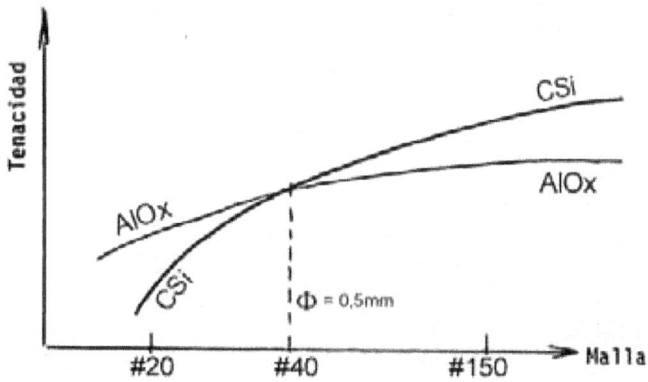

Tenacidad — CSi, AlOx — $\Phi = 0,5mm$ — #20 #40 #150 — Malla

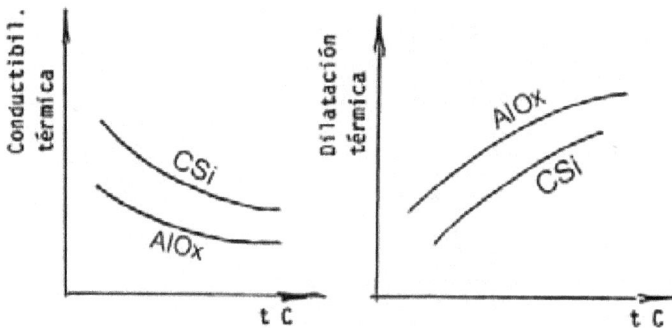

Conductibil. térmica — CSi, AlOx — t C

Dilatación térmica — AlOx, CSi — t C

Códigos de algunos fabricantes para los granos abrasivos	Genérico	Tyrolit	Carborundum	Norton	Naxos
Corindones: OxAl común gris	A	10A	A	A	NK
OxAl semipuro	As	52A		57A	HKS
OxAl blanco	AA	89A	AA	38A	EK
OxAl rosado	Rosa	88A	PA		EKd
OxAl rubí	Rubí	91A		25A	FF
OxAl con Zirconio	Z	14A			
OxAl monocristalino	Mc	90A		32A	EKa
Carburos de ilicio: CSi negro	CN	1C	C	37C	13C
CSi verde	CG	C	GC	39C	15C
Mezclas: Blanco y gris	AM	50A		19A	62A
CSi y OxAl gris	AC	AC	CA		
CSi verde y negro	CM	50C	RC		11C

2. Tamaño del grano

*Los granos abrasivos vienen clasificados por su tamaño, en forma muy
precisa y de acuerdo a un sistema de medidas de tamices. Éstos llevan
un número identificador (#) de acuerdo a los hilos o alambres que
tienen por pulgada, por lo que se explica que a número creciente
corresponde un tamaño de partículas menor.*

*Tomando un juego de tamices, habrá
uno que retiene la mayor parte del
grano, y otro siguiente más grueso
que lo deja pasar; este último le asigna
el número al grano que se analiza.
Se puede dar aproximadamente una
equivalencia de número de malla y
diámetro promedio (φ) de las partículas.
En la tabla adjunta se expresa este
diámetro en micrones (μ), o sea
milésimas de milímetro (0,001 mm).*

Tabla comparativa entre malla y dimensiones del grano	
Número de de malla #	Diámetro φ de partícula en μ
6	3.165
8	2.630
10	2.190
12	1.840
14	1.545
16	1.250
20	1.095
24	775
30	650
36	545
46	385
54	305
60	274
70	230
80	194
90	163
100	137
120	115
150	97
180	81
200	68
220	57
240	44
280	36
320	29
400	17
500	13
600	9
700	8
800	6,5
1000	4,5

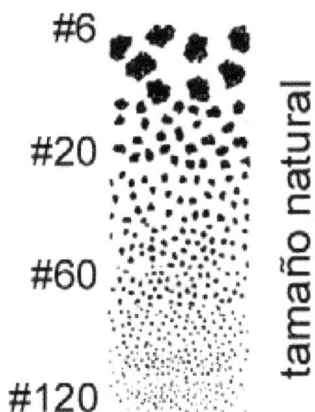

#6

#20

#60

#120

tamaño natural

3. Ligantes

Los símbolos últimos del código de características indican la liga utilizada. Para las aplicaciones tratadas en este manual interesan dos tipos básicos de ligas:

-V vitrificadas (también llamadas cerámicas), y
-Bbakelite (también llamadas resinoides).

El número que sigue a continuación responde a un código propio del fabricante que identifica a cada liga en particular de acuerdo a su formulación secreta, de la cual las empresas son celosas guardianas.

La elección del tipo de liga depende del proceso de amolado de que se trate, y es recomendada por el fabricante o resulta de la experiencia del usuario.

*La **bakelita** es una resina sintética de base fenol formaldehído termorrígida por acción del calor del horneado.*

Las ligas vitrificadas o cerámicas permiten trabajar a velocidades periféricas normales de 30 m/seg, mientras que las resinas fenólicas logran una unión más segura que permite elevar un 50% esa velocidad. Además, éstas endurecen en el horneado a temperaturas que no superan los 200°C, por lo que permiten colocar insertos metálicos, anillos de refuerzo, o tela de fibra de vidrio para aumentar su resistencia a la velocidad de rotura. Por ejemplo, en los discos de tronzado se llega hasta una velocidad de 80 m/seg, y en ruedas normales standard, a 45 m/seg. Tienen la contra de que no son adecuadas para realizar estructuras con poros inducidos, o sea estructuras mayores de 8, pero resultan menos sensibles a los golpes y más elásticas, por lo que absorben mejor las vibraciones.

Por otro lado, si bien las fenólicas son básicamente resistentes al agua, la acción prolongada de este elemento las afecta, y en especial si el refrigerante es alcalino. Por lo tanto, debe tenerse la precaución de no retener las ruedas o discos excesivo tiempo en stock, y menos en atmósferas húmedas. Esto es válido especialmente para discos finos, donde la superficie de contacto con la atmósfera es grande con relación a la masa.

*Las ligas **cerámicas** se hornean a temperaturas del orden de los 1.300°C, resultando un producto con mejor conductibilidad térmica (lo que mejora la disipación del calor en la zona de trabajo) pero sensible a los golpes, por su fragilidad. Son productos altamente estables frente a la acción del agua o agentes químicos extraños.*

Por medio de composiciones especiales se logran ligas cerámicas de extremada resistencia a la tracción, que permiten elevar la velocidad de trabajo de 30 a 60 m/seg.

En general puede decirse que la bakelita es exclusiva para la fabricación de discos de corte o de desbaste (centro deprimido,) y en ruedas encuentran su mejor aplicación como se indica a continuación:
  -Granos gruesos (#12 a #20) para desbastes.
  -Los granos intermedios los dominan las ligas vitrificadas.
  -Granos finos (#80 o más) para terminación fina, por tener un
    efecto más suave de pulido.

4. Estructura y dureza

Ambos parámetros están íntimamente ligados, y su evaluación se presta a confusión.

La dureza se indica según una escala alfabética, entendiéndose que a medida que se avanza en el orden del alfabeto (A, B, C...)la dureza aumenta. La estructura se indica con números, de modo que a números crecientes corresponden estructuras más abiertas.

La dureza se manifiesta como la resistencia que presenta el cuerpo abrasivo a la rayadura o penetración de un buril raspador bajo condiciones de presión determinadas. Esta propiedad puede manejarse colocando más material ligante o también acercando los granos entre sí por medio de una mayor compactación, lo que acarrea una modificación de la estructura.

Por otro lado, muchas veces seconsidera erróneamente que la estructura está dada exclusivamente por el tamaño de los poros, pero la realidad es que éstos dependen a su vez de la dureza, debido a la mayor o menor cantidad de liga. Como vemos, la confusión debido a la interrelación puede ser bastante penosa. Intentemos poner orden en ambos conceptos manejando definiciones precisas.

*La **dureza** refleja una propiedad mecánica que puede lograrse por dos medios:*
    a) mayor proporción de liga, y/o
    b) mayor compactación, logrando una mayor densidad.

*La **estructura** para un tamaño de grano determinado se define por la distancia media o separación relativa entre los granos abrasivos, de acuerdo con una escala normalizada, y esto se controla con la cantidad de grano abrasivo por unidad de volumen a través de la compactación precisa durante el prensado.*

Luego, según se haya colocado más o menos liga se logra, para esa estructura ya determinada, uniones entre granos más fuertes o más débiles, de acuerdo a la escala alfabética.

Vemos dos figuras comparativas para una estructura similar pero con durezas diferentes:

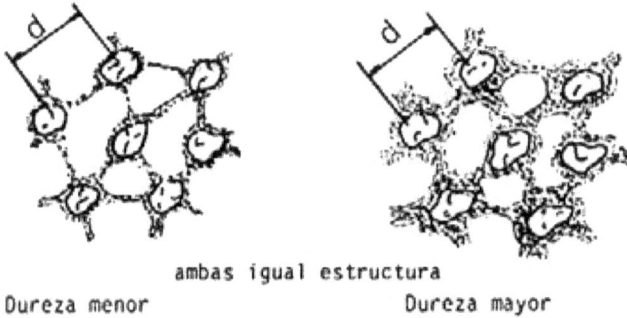

ambas igual estructura

Dureza menor   Dureza mayor

Resulta que al alterar la cantidad de liga a estructura constante, o sea manteniendo la separación entre granos inalterada, se afecta el tamaño de los poros, de modo que a ruedas más duras corresponden poros más pequeños, y viceversa.

De esta manera se evidencia que la porosidad no es por sí solo un buen indicador de la estructura, sino que gobierna esencialmente a la dureza.

*Para juzgar la estructura debe poder evaluarse la **separación media entre granos**, lo cual no es nada fácil para un ojo no entrenado.*

La dureza podría o debería medirse para una estructura dada, por el volumen de poros, es decir tamaño individual y cantidad, pero eso tampoco resulta práctico ni fácil.

Por lo tanto se persiste en medir la dureza sensitivamente, usando un buril raspador y hasta, en forma económica y casera, un destornillador viejo a mano y por comparación con ruedas patrón standard.

Si bien los fabricantes y usuarios tratan de desterrar este método, razones prácticas hacen que siga siendo utilizado.

Los métodos tecnológicos que pueden aportar mediciones objetivas y más precisas se basan en:
-Máquinas que realizan una penetración calibrada en presión y duración de raspado de torsión, con una medición precisa de la profundidad penetrada.
-Grindo Sonic, sistema basado en el cálculo del módulo de elasticidad por efecto vibratorio.
-Neumático, por caída de presión de insuflado de acuerdo a la porosidad.

Los del primer tipo son los más prácticos para el uso en la fabricación del abrasivo.
El Grindo Sonic es el adecuado para el control de series o tipos de ruedas repetidas. Por ejemplo, para usuarios que utilizan determinados tipos de ruedas abrasivas en cantidad.

5. Dimensiones
Los cuerpos abrasivos, de acuerdo a su forma normalizada, se definen dimensionalmente indicando las cotas características de acuerdo a un código convencional que se ejemplifica en los croquis ilustrativos.
Por ejemplo, es usual dimensionar una rueda recta indicando diámetro exterior (D) por espesor (T, thicknes*), por diámetro de buje (H,* hole*); es decir D x T x H en unidades de pulgadas o métricas.*
Las ruedas que llevan escote o tienen forma más compleja, llevan adicionalmente indicaciones para las cotas que tienen significado específico convencional. El origen de estas letras proviene de la literatura americana, donde los significados son los siguientes:
    W: wall = pared.
    T: thickness = espesor.
    H: hole = buje o agujero.
    D: diameter = diámetro.

Aceptada esta convención normalizadora puede definirse un cuerpo abrasivo sin necesidad de acompañarlo con un dibujo.

Tolerancias. *Interesa en particular la definición dimensional de los bujes, pues del ajuste con el eje depende fundamentalmente el buen comportamiento por balanceo y descentrado. Se adopta como tolerancia de fabricante la calidad H11 del sistema ISO internacional, lo cual garantiza un ajuste deslizante cómodo sobre el eje. De acuerdo a la norma, según el tamaño del agujero la banda de tolerancia será:*

Buje menor de 50 mm → hasta	+0,16 mm
50 a 80	+0,19
80 a 120	+0,22
120 a 180	+0,25
180 a 250	+0,29
250 a 315	+0,32

La cota de referencia dependerá del eje de la máquina; las más comunes son:

$$1/2" = 12,70 \text{ mm}$$
$$5/8" = 15,87 \text{ mm}$$
$$3/4" = 19,05 \text{ mm}$$
$$7/8" = 22,20 \text{ mm}$$
$$1" \quad = 25,40 \text{ mm}$$
$$1\,¼" = 31,75 \text{ mm}$$
$$1\,½" = 38,10 \text{ mm}$$
$$2" \quad = 50,80 \text{ mm}$$

6. Formas o diseños standard
Las figuras siguientes muestran los diseños tipificados y las cotas necesarias para definir su tamaño.

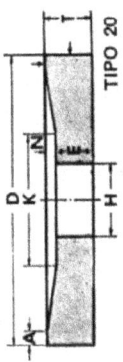

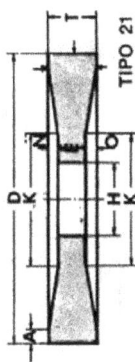

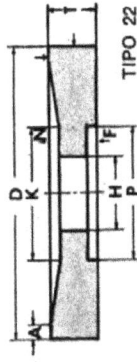

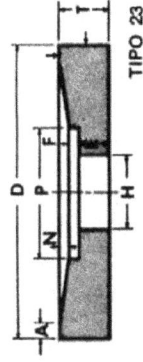

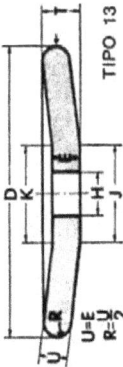

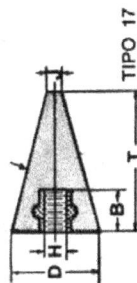

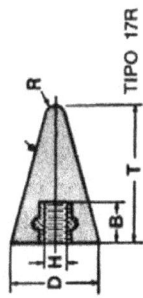

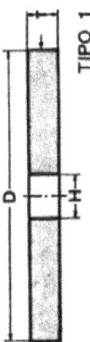

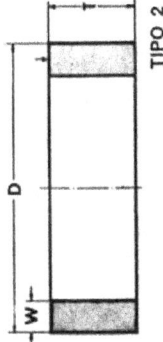

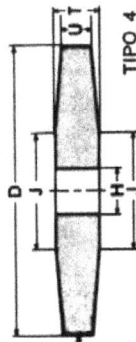

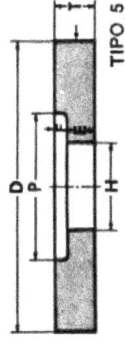

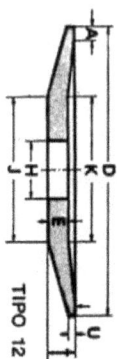

TIPO 12

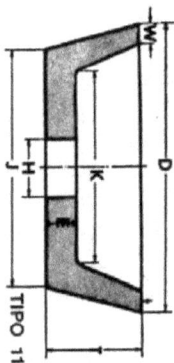

TIPO 11

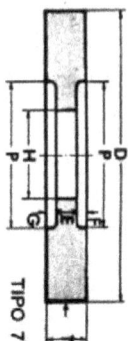

TIPO 7

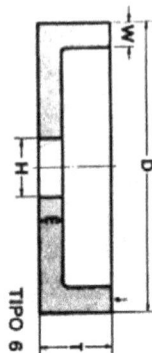

TIPO 6

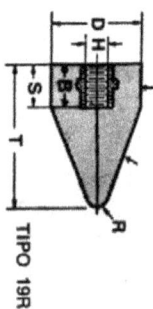

TIPO 19R

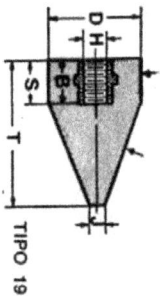

TIPO 19

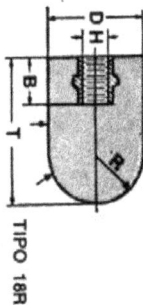

TIPO 18R

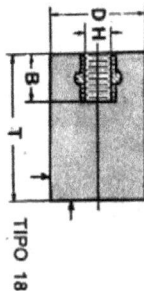

TIPO 18

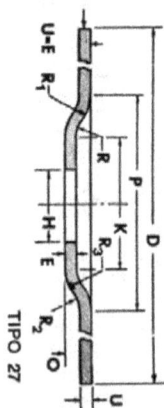

TIPO 27

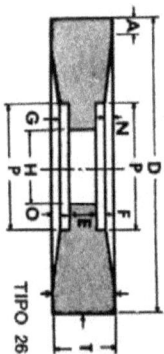

TIPO 26

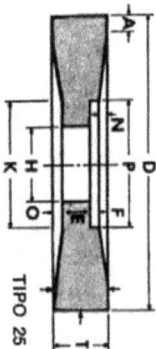

TIPO 25

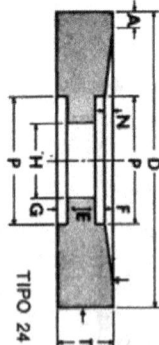

TIPO 24

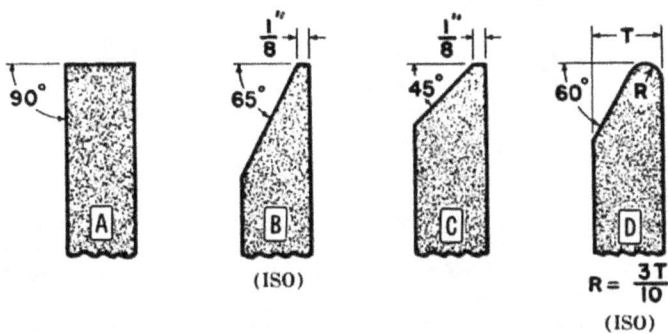

(ISO)

$$R = \frac{3T}{10}$$

(ISO)

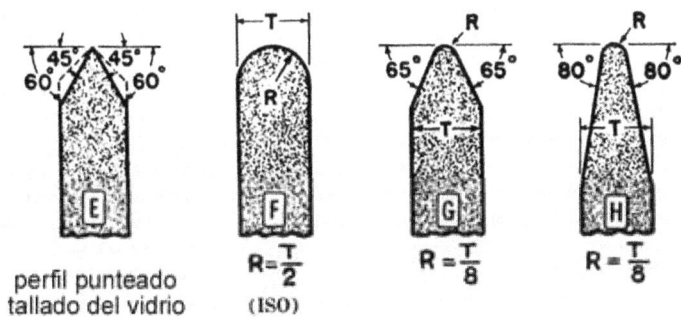

perfil punteado
tallado del vidrio

$R = \frac{T}{2}$ (ISO)

$R = \frac{T}{8}$

$R = \frac{T}{8}$

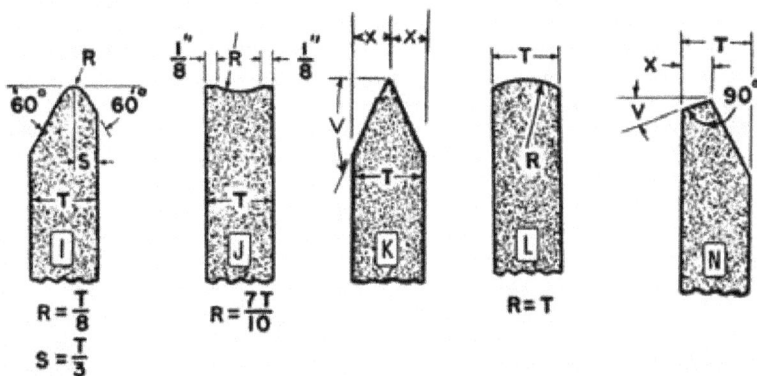

$R = \frac{T}{8}$

$S = \frac{T}{3}$

$R = \frac{7T}{10}$

$R = T$

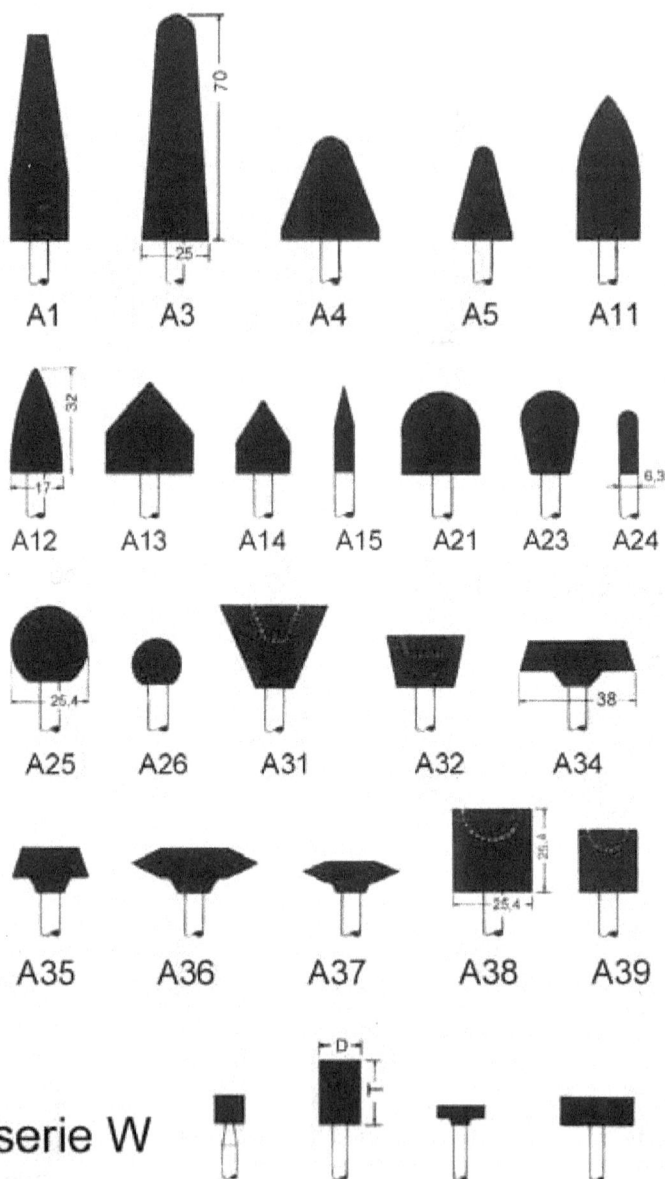

A1   A3   A4   A5   A11

A12   A13   A14   A15   A21   A23   A24

A25   A26   A31   A32   A34

A35   A36   A37   A38   A39

serie W

Los vástagos pueden ser de ¼" = 6,5 mm, ó 1/8" = 3,25 mm.

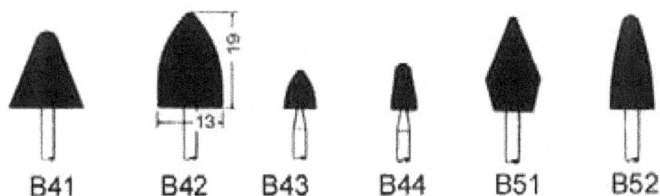

B41   B42   B43   B44   B51   B52

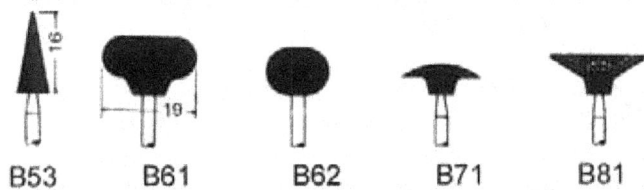

B53   B61   B62   B71   B81

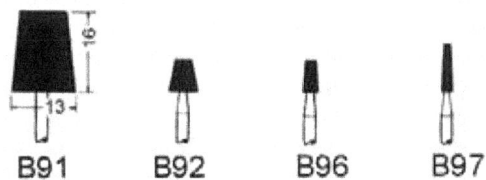

B91   B92   B96   B97

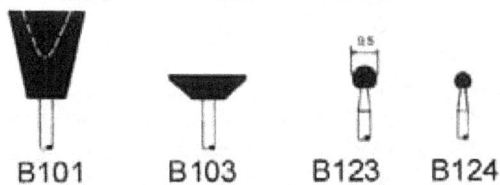

B101   B103   B123   B124

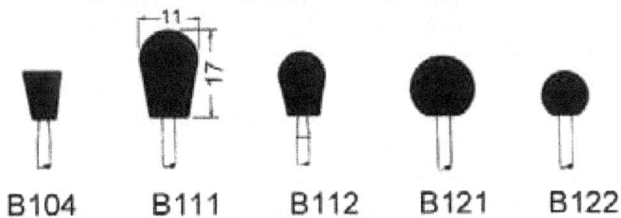

B104   B111   B112   B121   B122

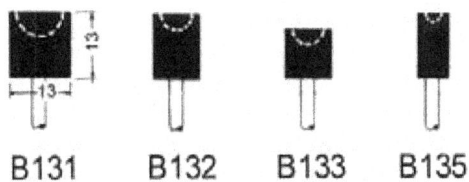

B131   B132   B133   B135

7. Velocidad de trabajo y de prueba

La velocidad de trabajo viene indicada en la etiqueta de las ruedas abrasivas, pero es necesario recordar que, en general, las ligas cerámicas no deben sobrepasar la velocidad periférica de 35 m/seg, y que únicamente las ligas bakelite permiten velocidades superiores. En la tabla adjunta se dan reglas generales de uso. Conviene dejar bien aclarada la diferencia entre velocidad de giro del eje (en rpm) y la velocidad periférica (en m/seg). Sobre un eje girando a unas rpm determinadas, la velocidad lineal periférica crecerá con el aumento del diámetro. Esa velocidad, expresada en m/seg, será la determinante de la condición de trabajo y eventualmente del límite de rotura.

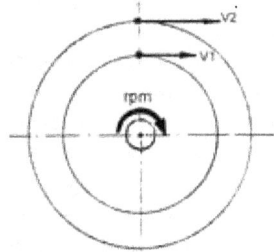

Tabla de velocidades en rpm

Φ"	Φmm	30 m/s	35	40	45	50	60	70	80	100
2	51	11234	13106	14979	16854	18724 rpm				
3	76	7538	8795	10052	11308	12564				
4	102	5617	6553	7489	8425	9362				
5	127	4511	5264	6015	6767	7519	9027			
6	152	3769	4397	5025	5654	6282	7536	8795	10050	12564
7	178	3218	3755	4291	4828	5364	6437	7510	8583	10729
8	203	2822	3292	3763	4233	4704	5644	6585	7526	9408
8	228	2513	2931	3350	3769	4188	5025	5863	6700	8376
10	254	2255	2632	3000	3383	3758	4511	5263	6015	7519
12	305	1878	2191	2505	2817	3130	3757	4383	5010	6261
14	355	1613	1882	2151	2420	2680	3237	3766	4303	5379
16	406	1411	1646	1831	2116	2352	2822	3292	3763	4704
18	457	1253	1462	1671	1880	2089	2707	2925	3343	4179
20	508	1128	1315	1503	1691	1879	2255	2631	3007	3759
22	558	1026	1197	1369	1540	1711	2053	2395	2738	3422
24	610	939	1095	1252	1408	1565	1878	2191	2504	3130
26	660	868	1012	1157	1302	1446	1732			
28	711	805	940	1074	1208	1343	1612			
30	762	751	877	1000	1127	1253	1504			
32	812	705	822	940	1058	1176				
34	863	663	774	885	995	1106				
36	914	626	731	835	937	1041				
38	965	593	692	791	890	989				
40	1016	563	657	752	845	939				
42	1066	537	627	716	806	895				

La velocidad periférica de trabajo expresada en (m/seg) y las rpm del husillo se relacionan por la fórmula siguiente:

$$V \text{ (m/s)} = \frac{D\text{(mm)} \times rpm}{19.108}$$

$$rpm = \frac{19.108 \times V \text{ (m/s)}}{D \text{ (mm)}}$$

Ejemplo: diámetro D = 406 mm, rpm = 2.116.
V = (406 x 2.116) ÷ 19.108 = 44,96 = 45 m/seg

Por consiguiente, siempre debe verificarse esta última a partir de la velocidad de giro del motor (las rpm de chapa), corregida en más o en menos por la transmisión de poleas, y luego con el diámetro de la rueda buscar en la tabla a qué velocidad periférica corresponde.
*Las ruedas se **prueban** en fábrica a una velocidad mayor que la velocidad de trabajo de acuerdo a un criterio de seguridad recomendado:*

Cerámica en general hasta 35m/s	40% mayor	
Cerámica especial 60m/s	30% mayor	Velocid.
Bakelita hasta 45m/s	40% mayor	prueba
Bakelita alta velocidad 60m/s	30% mayor	
Discos reforzados hasta 80 m/s	20% mayor	

*Las velocidades de **rotura** deben ubicarse por lo general un 70 a 80% más elevadas que las velocidades de **trabajo**.*
No se utilizan velocidades de prueba mayores para evitar microfisuras que dañarían la estructura de las piedras.

Amoladoras de pedestal	liga vitrif	35 m/s	comunes	
y máquinas manuales	liga bakel	45 m/s	comunes	
	liga bakel	80 m/s	reforzadas	
Máquinas estacionarias	liga vitr.	35 m/s	comunes	Velocidad de trabajo
con avance mecánico	liga vitr	60 m/s	ligas especiales y formas limitadas	
	liga bakel	45 m/s	comunes	
	liga bakel	60 m/s	formas limitadas	
	liga bakel	80 m/s	reforzadas	
Discos de corte	Comunes sin refuerzo	60 m/s		
	Reforzados con telas	80 m/s		

8. Las características y el código del cuerpo abrasivo

La especificación, también denominada característica de un cuerpo abrasivo, viene expresada por un código que define los parámetros de fabricación de acuerdo al ejemplo del diagrama ilustrativo.

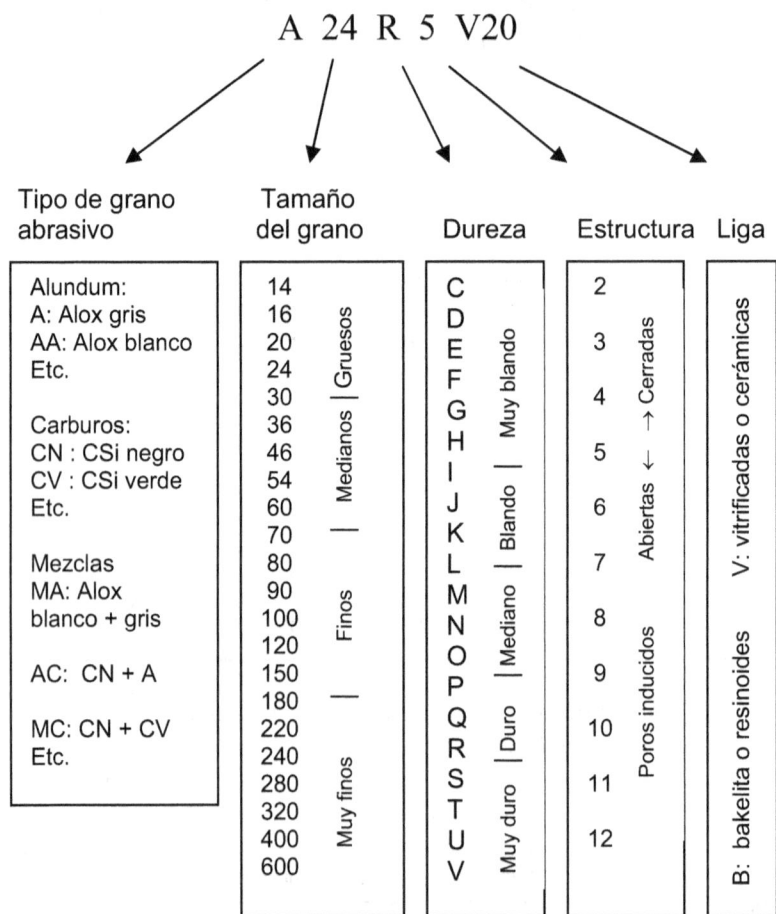

$$A \quad 24 \quad R \quad 5 \quad V20$$

Tipo de grano abrasivo	Tamaño del grano	Dureza	Estructura	Liga
Alundum: A: Alox gris AA: Alox blanco Etc. Carburos: CN : CSi negro CV : CSi verde Etc. Mezclas MA: Alox blanco + gris AC: CN + A MC: CN + CV Etc.	14 — Gruesos 16 20 24 30 36 — Medianos 46 54 60 70 80 90 — Finos 100 120 150 180 220 240 — Muy finos 280 320 400 600	C — Muy blando D E F G H I — Blando J K L M — Mediano N O P Q — Duro R S T — Muy duro U V	2 — Cerradas 3 (↑) 4 5 Abiertas (↓) 6 7 8 9 — Poros inducidos 10 11 12	V: vitrificadas o cerámicas B: bakelita o resinoides

Los códigos correspondientes a tamaño de grano, estructura y dureza están estandarizados internacionalmente; en cambio las ligas y tipos de grano son particulares de cada fabricante.

9. Superabrasivos

Esta categoría de abrasivos corresponde a los superduros, que la tabla comparativa los indica con valores aproximados de 7.000 en la escala de dureza K100 para el diamante y 4.700 para el nitruro de boro cúbico, comercialmente conocido como "Borazon".

El diamante se presenta en la naturaleza como gema natural y como polvillo o grano pequeño llamado "bort", mientras que el Borazon es un producto sintético que se provee como granulado industrial.

En 1957 la empresa General Electric logró fabricar el diamante artificial en forma granulada, teniendo en cuenta que químicamente se trata del elemento carbono puro sometido a altas temperaturas y presiones.

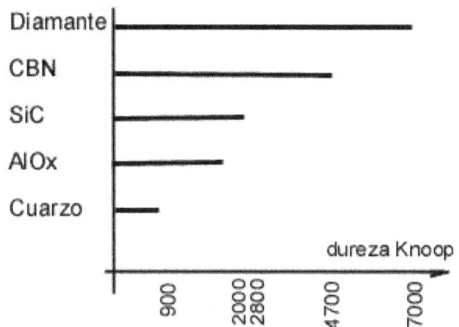

Pero el diamante, a pesar de su suprema dureza, tiene su talón de Aquiles: al igual que el carburo de silicio, tiene afinidad química con el Fe de los aceros dulces, por lo cual no resiste la abrasión de estos hierros o aceros blandos, porque en la zona de contacto la alta temperatura y la elevada presión activan reacciones químicas destructivas.

Por eso surgió la necesidad de obtener un abrasivo superduro que no presentara esta falencia, y se logró con la fabricación del nitruro de boro cúbico CBN, el que al igual que los corindones u óxidos de aluminio artificiales no tiene afinidad química con el Fe.

De esta manera, desde el punto de vista de los materiales de aplicación, puede colocarse el CBN a la par de los AlOx y el diamante (natural o artificial) a la par de los SiC (CSi).

AlOx y CBN	para aceros de todo tipo
SiC y diamante	aceros saturados en C, Widia, fundiciones, vidrio, pétreos

El   peso

específico del diamante es de 3,52 g/cm³, y el del CBN 3,48 g/cm³. Las gemas de diamante se utilizan para herramientas de repasado de muelas y para coronas de minería, entre otros, mientras que los granulados se sinterizan o compactan con ligantes para fabricar herramientas de rectificado de precisión.
Los granulados de diamante sintético tienen una amplísima gama de aplicación, pero los granos naturales tamizados y clasificados

Estandarización internacional de los tamaños de grano para diamante y CBN

designación de las granulaciones tamizadas

Diamante Standard FEPA		Nitruro de boro Standard FEPA		Como comparación: Standard USA ASTM-E-11-70 Diamante+CBN		Ancho nominal ISO R 565 1972
estrecho	ancho	estrecho	ancho	estrecho	ancho	µm
D 1181	D 1182	B 1181	B 1182	16/ 18	16/20.	1180/1000
D 1001		B 1001		18/ 20		1000/ 850
D 851	D 852	B 851	B 852	20/ 25	20/30	850/ 710
D 711		B 711		25/ 30		710/ 600
D 601	D 602	B 601	B 602	30/ 35	30/40	600/ 500
D 501		B 501		35/ 40		500/ 425
D 426	D 427	B 426	B 427	40/ 45	40/50	425/ 355
D 356		B 356		45/ 50		355/ 300
D 301		B 301		50/ 60		300/ 250
D 251	D 252	B 251	B 252	60/ 70		250/ 212
D 213		B 213		70/ 80		212/ 180
D 181		B 181		80/100		180/ 150
D 151		B 151		100/120		150/ 125
D 126		B 126		120/140		125/ 106
D 107		B 107		140/170		106/ 90
D 91		B 91		170/200		90/ 75
D 76		B 76		200/230		75/ 63
D 64		B 64		230/270		63/ 53
D 54		B 54		270/325		53/ 45
D 46		B 46		325/400		45/ 38

estrictamente por mallas son óptimos para algunos usos. Los granulados sintéticos de diamante arrastran, por su proceso de fabricación, solventes metálicos que luego generan tensiones internas y fragilizan el grano; además, su tamaño máximo es limitado. Los naturales son superiores y se pueden obtener en granulometrías mayores, pero son más caros.

Los fabricantes ofrecen catálogos con granulometrías y aplicaciones específicas según la aplicación y la liga que se va a utilizar.
Los tamaños de grano pueden venir también en mesh, según la malla de tamizado y según la equivalencia de la tabla adjunta.
*Las **ligas** pueden ser resinoides, cerámicas, metálicas o por unión galvánica a la base metálica de soporte.*
*La masa abrasiva consiste en una capa o apósito aplicado a un **cuerpo** con la forma adecuada que se compacta en conjunto y luego se mecaniza finalmente a medidas precisas. Por lo tanto, una vez agotada la capa abrasiva no es recuperable.*
El cuerpo puede ser básicamente de aluminio, de bakelita o intermedio
Las formas están estandarizadas por FEPA según un código de letras y números.
La definición de la rueda completa se indica como en los ejemplos, donde, aparte de las medidas del cuerpo base, se deben indicar las medidas del apósito abrasivo útil.

Ejemplos

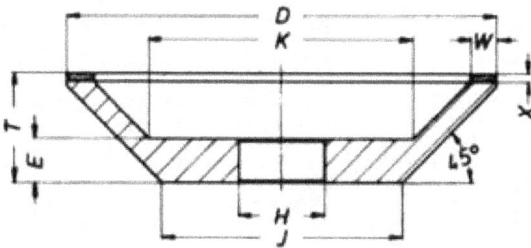

Forma D x T x H   D - W - X
12A2D 125x25x20   125 - 6 - 2

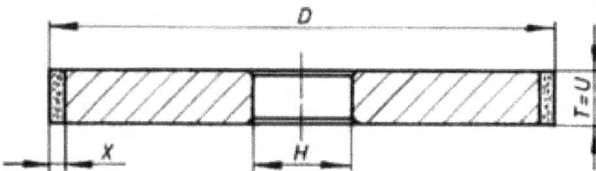

Forma D x T x H   D - U - X
1A1   100x10x20   100 -10 - 2

Codificación de las formas según FEPA

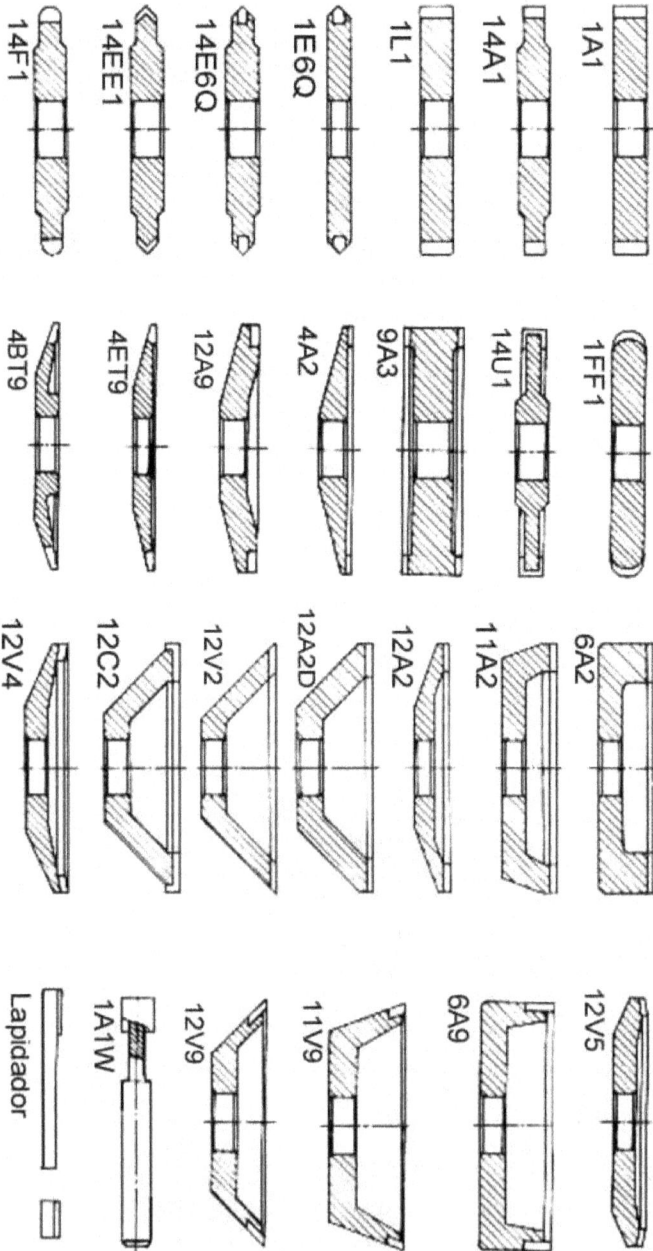

1A1

14A1

1L1

1E6Q

14E6Q

14EE1

14F1

1FF1

14U1

9A3

4A2

12A9

4ET9

4BT9

6A2

11A2

12A2

12A2D

12V2

12C2

12V4

12V5

6A9

11V9

12V9

1A1W

Lapidador

La característica completa se logra por medio de un código compuesto por la forma estandarizada, su diámetro, ancho y espesor de la capa abrasiva, agujero de montaje, tamaño de grano según FEPA, liga con su dureza y concentración.

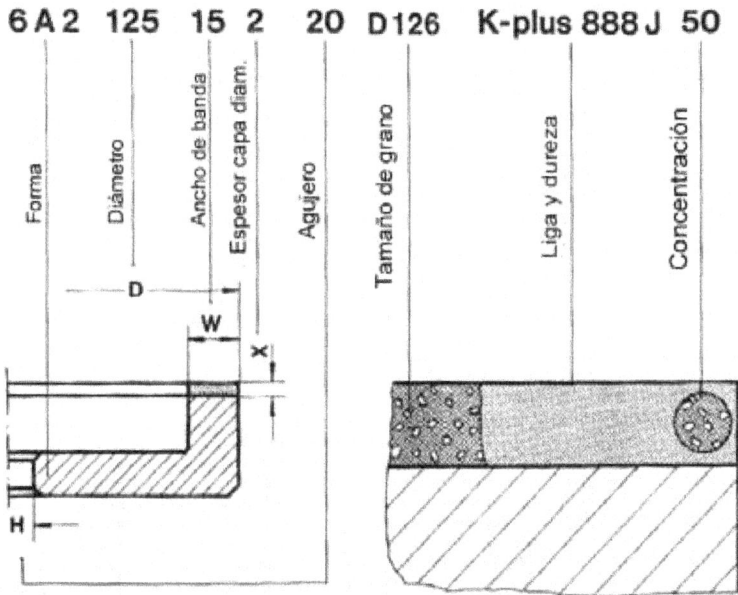

Explicaremos a continuación el concepto de **concentración**.
En la industria del diamante se usa tradicionalmente una medida de peso para el diamante puro, que se denomina Carat o quilate, y es equivalente a 0,2 gr. Por lo tanto, 1 gr = 5 Carat. Si queremos expresar la densidad del diamante en ambas unidades se tiene:

Densidad diamante = 3,52 gr/cm³ = 17,6 Carat/cm³.

Se define como concentración un valor porcentual tal que a 400% le correspondería el diamante puro sin liga ni poros –o sea compacto–.

400%	17,6 Carat /cm³	ó x 0,2 = 3,52 gr/cm³
100%	17,6 / 4 = 4,4 Carat /cm³	0,88 gr/cm³

50%	*17,6 / 8 = 2,2 Carat /cm³*	*0,44 gr/cm³*
10%	*0,44 Carat /cm³*	*0,088 gr/cm³*

En volumen significa lo siguiente:
400% concentración implica 100% del volumen ocupado por diamante, obviamente un caso imposible o puramente teórico.
100% concentración significa que 25% del volumen total lo ocupa el diamante.
50% concentración significa 12,5% del volumen.
25 % concentración significa   6,25% del volumen; etc.

Ejemplo: una concentración de 25% significa 6,25% del volumen total ocupado por granos de diamante puro y un peso de:
0,0625 x 3,52 = 0,22 gr/cm³ ó 0,0625 x 17,6 = 1,1 Carat/cm³.

Las ligas, según su dureza, y con relación al tamaño de grano, se comportan de acuerdo al grado de retención como se indica detalladamente en la Parte III, al tratar el punto de las aplicaciones de herramientas diamantadas.

Herramientas de perforado: brocas, coronas, etc.

Existe una gran variedad de herramientas especiales para el perforado en minería o en la construcción, y su tratamiento detallado excede el marco de este manual.
Las coronas usadas para prospección geológica se fabrican ya sea con gemas engarzadas o con mezclas de diamante en polvo.
Las brocas pueden ser de banda continua o con segmentos curvos de diamante sinterizado soldados.

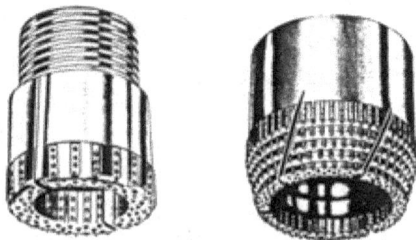

10. Formulación de abrasivos convencionales

Una muela abrasiva es un cuerpo sólido compuesto de partículas de granos abrasivos unidos entre sí por medio de una liga que, en proporción cuidadosamente predeterminada, deja espacios libres llamados poros.

Por lo tanto, la estructura del cuerpo abrasivo sólido se compone de tres elementos:

K: grano abrasivo con granulometría #.
B: liga.
P: poros o espacio libre.

La figura de un trozo aumentado de abrasivo muestra los elementos constitutivos: grano abrasivo, liga y poros. Cuando habitualmente se habla de "estructura" se piensa en el tamaño de los poros, pero lo correcto es considerar la separación media entre granos, mientras que los poros son el resultado de tener mayor o menor cantidad de liga, lo que a su vez afecta o determina directamente la dureza.

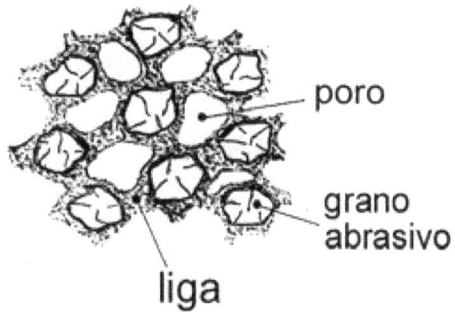

poro

grano abrasivo

liga

Cada componente ocupa un volumen determinado por cálculo.

Los granos abrasivos vienen molidos con mallas muy precisas, por lo que, para un tamaño de grano determinado, se tienen partículas con un Φk promedio definido.

Si dentro de un volumen V tenemos una cierta masa Mk de partículas abrasivas, entonces se podrá hablar de una separación promedio (d) entre granos, que resulta directamente proporcional al diámetro de partículas e inversamente proporcional a la raíz cúbica del volumen que lo contiene referido al volumen total.

Dentro de ese volumen total V, el que ocupa exclusivamente el abrasivo lo denominamos Vk.

Suponiendo una cantidad de n granos con diámetro promedio Φk, los cuales son como pequeños cubos de lado $\Phi = \Phi k$ y distribuidos con densidad volumétrica Vk /V y separación media d, tenemos

$$Vk = n \times \Phi^3; \quad V = n \times d^3$$
$$V / Vk = d^3 / \Phi^3$$

$$d = \Phi / \sqrt[3]{Vk / V}$$

La proporción de volumen de grano abrasivo (v'k = Vk/V) es una medida de la separación media entre granos y define su estructura. Ahora, a esa distribución de granos abrasivos le agregamos una cierta cantidad de liga B que ocupa un volumen Vb, y entonces queda conformada una estructura para la cual vale la siguiente relación volumétrica: V = Vk + Vb + Vp.
Y para un volumen total de referencia de valor 100:

$$100 = vk + vb + vp$$

#1: fórmula estructural

siendo vi el porcentaje de cada elemento,
vk = 100 x Vk/V =100 x v'k;
vb = 100 x Vb/V =100 x v'b;
vp =100 x Vp/V = 100 x v'p;

Esta fórmula estructural es la base del cálculo volumétrico que nos define la estructura y la dureza del cuerpo abrasivo.
Las tres variables de esa fórmula se pueden representar gráficamente en un diagrama ternario con forma de triángulo, tal como

coordenadas de P
vk = 60%
vb = 10%
vp = 30%

*se indica en la figura. Dentro de ese triángulo se representa cada
estructura abrasiva por un punto P que tiene sus tres variables
correspondientes definidas sobre los lados del mismo. (Ver Anexo para
una explicación de este tipo de diagramas.)*

*Conociendo las densidades γ de grano y liga tenemos las relaciones de
masa: M = Mk + Mb,
siendo
γk = Mk / Vk;
γb = Mb / Vb.
Y para el cuerpo abrasivo completo la densidad aparente es
γ = M / V = (Mk + Mb) / V =   (γk x Vk + γb x Vb) / V*

$$\gamma = \gamma k \; x \; vk + \gamma b \; x \; vb$$

#2: fórmula de las densidades

*La liga que introducimos queda definida por un porcentaje en masa referida a
la cantidad de abrasivo: %B = 100 x Mb / Mk.*

$$\%B = 100 \; x \; (\gamma b \; x \; Vb \, / \, \gamma k \; x \; Vk)$$

#3: fórmula de la liga

*Con estas tres ecuaciones podemos predeterminar la fabricación de un
cuerpo abrasivo representado por un punto dentro del diagrama
correspondiente a una composición volumétrica deseada.
Recapitulando, veamos cómo se procedería en un caso particular
representado por un punto P del diagrama.*

Ejemplo numérico para la estructura correspondiente al punto P en el
gráfico anterior. Se conocen los datos

γ k = 3,95 (corresponde al corindón),
γ b = 2,96 (corresponde a la liga cerámica).

Por la fórmula #2 vale $\gamma = \dfrac{3,95 x 60 + 2,6 x 10}{100} = 2,63 \; /cm^3$

y por la #3 tenemos $\%B = \dfrac{100 x 2,6 x 10}{100} = 10,9\%$ de liga en peso

*Con vk y vb, datos de los lados del triángulo, y por medio de la fórmula
#2, calculamos la densidad aparente (γ), la cual en el proceso de
fabricación se controla con el **prensado a medida exacta**.*

*Con ayuda de la fórmula #3 se calcula la **cantidad de liga necesaria** (referida al peso de grano) para la formulación del proceso de mezclado. Mezclando y prensando correctamente se obtiene un cuerpo abrasivo con las características definidas en el punto P.*

*¿Qué significa el punto P del diagrama con relación a la **dureza** y **estructura** del código de características de un abrasivo?*

Ya habíamos anticipado que la separación relativa entre granos define lo que se llama una estructura, la cual puede ser más abierta o más cerrada y se gradúa según una escala numérica asociada al vk, porcentaje volumétrico del grano.

Número de estructura   ↔   se asocia a vk

*Números crecientes se corresponden con porcentajes volumétricos o densidad volumétrica de grano pequeños y, por consiguiente, estructuras abiertas. Estructuras cerradas con número pequeño se corresponden con altas densidades volumétricas de abrasivo con poca separación entre granos. Los fabricantes definen una escala de estructuras "master chart" que **para cada tamaño de grano** relaciona los % de vk con los números de estructura.*

Se considera estructuras normales: número 5 para ligas cerámicas y número 4 para las ligas bakelita.

Si ahora ponemos más o menos liga se obtiene una rueda más o menos dura. Por eso la dureza queda definida por la suma de grano y liga, o sea vk + vb.

Pero de la fórmula estructural se obtiene vk + vb = 100 – vp.

Por lo cual podemos decir que por diferencia el volumen de poros define la dureza.

Letra de dureza   ↔   se asocia a vp.

Asociando a la escala de vp una escala alfabética de durezas con letras crecientes para durezas mayores asociadas a porcentajes volumétricos de poros más pequeños, se tendrá completado el master chart.

Ahora este diagrama calibrado con escalas en N° de estructura y con escala de durezas alfabéticas nos permite fabricar la rueda.

Quedan definidos los parámetros %B y densidad de prensado.

Cuadro para #24 a #36

Los productos abrasivos utilizables pueden fabricarse eficazmente con características dentro de la zona delimitada que se indica.

	VK	VB	VP
Límite máximo	64	25	52
Límite mínimo	40	5	20

Para valores fuera de estos límites debe recurrirse a métodos especiales de fabricación, como ser: prensado en caliente o alta porosidad inducida con cargas volátiles.

En las siguientes figuras visualizamos una serie de modificaciones en las variables estructurales por medio del seguimiento en el gráfico. Partimos de un cuerpo abrasivo con supuesta característica representada por el punto P1 y pasamos a una mezcla representada por el punto P2, con más liga pero manteniendo el porcentaje de abrasivo. La estructura, por lo tanto, no varía, pero al disminuir el porcentaje de poros la dureza aumenta.

Pasamos al punto P3, disminuyendo liga pero compensando con abrasivo. Dado que los poros se mantienen en porcentaje inalterado, la dureza no varía, cambiando la estructura solamente.

Pasamos al punto P4, manteniendo la estructura constante, dado que no modificamos el porcentaje de abrasivo; pero por la disminución de liga y el consiguiente aumento de poros se produce una caída de la dureza. Si manteniendo la estructura, no alterando el porcentaje de grano, se agrega liga, punto P5–, obviamente se disminuye notablemente el porcentaje de poros y aumenta la dureza.

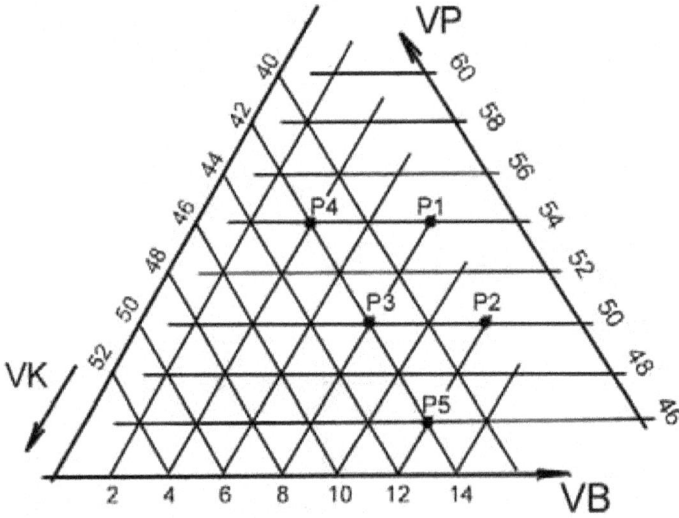

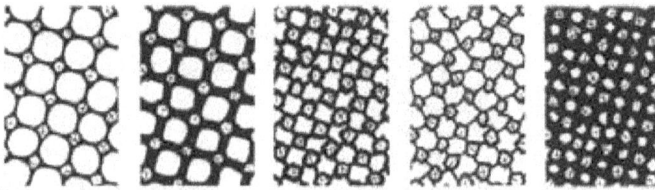

	P1	P2	P3	P4	P5
VK:	38	38	42	42	42
VB:	8	12	8	4	12
VP:	54	50	50	54	46
	100	100	100	100	100

Con ayuda de un poco de matemáticas se puede demostrar lo siguiente: un haz de rectas que parte del vértice superior hacia el lado opuesto de la variable vb representa diferentes composiciones de porcentaje de liga constante, y rectas paralelas oblicuas representan mezclas de densidades iguales.

Se confirma geométricamente, por lo tanto, que las densidades de masa de la mezcla constantes no definen valores constantes de estructura, ni los porcentajes de liga solamente definen valores de dureza determinados o constantes.

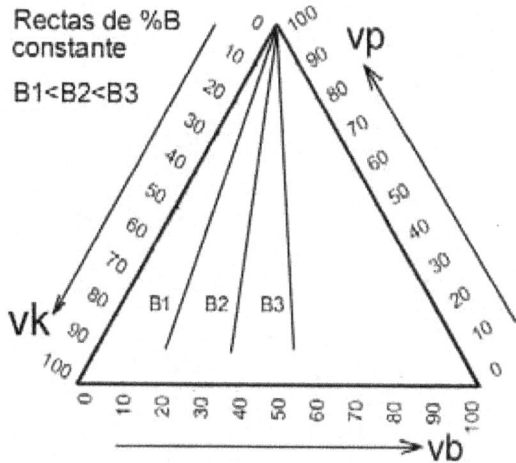

Rectas de %B
constante

B1<B2<B3

Dentro de un master chart, una estructura determinada recorre valores de %B y de γ en pares variables. De forma similar ocurre para una dureza determinada.

Rectas de γ
constante

γ1<γ2<γ3

Anexo: Los diagramas de tres componentes

Un poco de geometría nos permitirá comprender la estructura y funcionamiento de este tipo de diagrama, especialmente adecuado para describir la estructura del cuerpo abrasivo.

Si tres componentes representados por las variables x - y - z deben cumplir con la condición de suma 100, entonces la ecuación

$$x + y + z = 100$$

es la expresión matemática que los define, quedando representada por un plano oblicuo como indican las figuras. Esto quiere decir que cualquier punto ubicado sobre ese plano tiene coordenadas x - y - z que cumplen con la condición de suma 100. Los valores de las coordenadas se leen sobre cada uno de los ejes en la intersección con un plano perpendicular al eje de referencia y que contiene al punto P.

Por ejemplo en la figura se indica un punto P que tiene coordenada x = 30 , pero si queremos considerar todas los puntos representativos de mezclas con un valor de 30 para su componente (x) vemos el segmento marcado como su representación.

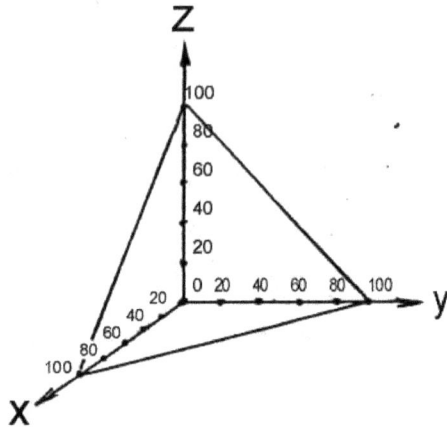

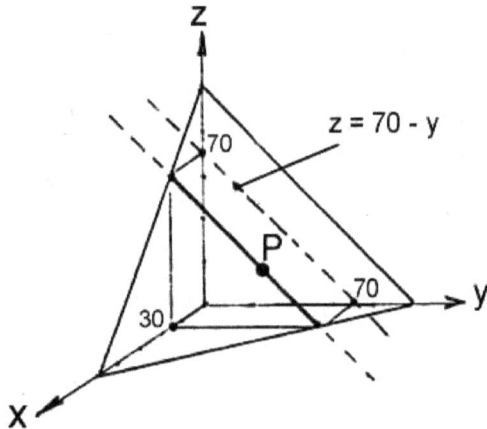

Esa recta queda definida matemáticamente por la ecuación

$30 + y + z = 100$; *de donde* $y + z = 70$.

De la misma manera se puede proceder con las otras variables, definiéndose sobre la superficie triangular un conjunto de rectas indicadoras de los valores de las respectivas coordenadas. Para un punto S de coordenadas:

$x = 20$; $y = 50$; $z = 30$; *suma 100.*

Veamos su representación.

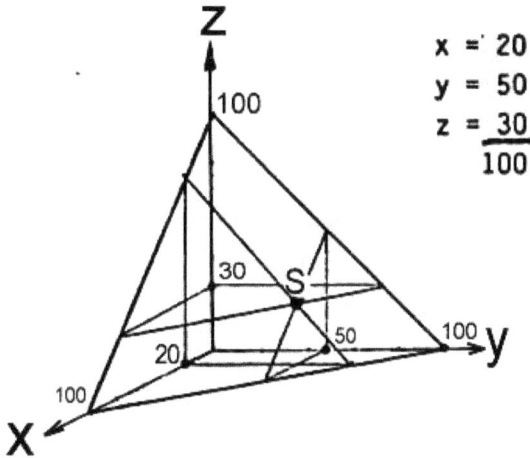

Ahora, para evitar el dibujo en perspectiva espacial trataremos de buscar una representación equivalente en el plano del dibujo bidimensional. Para eso imaginamos una visual perpendicular al plano del triángulo, y sobre cada lado llevamos las escalas respectivas de 0 a 100. Si lo hacemos siguiendo un sentido de giro antihorario y con un orden para las variables como ser: $x \rightarrow y \rightarrow z$, tendremos que para un punto cualquiera P, si queremos conocer la coordenada z, por ejemplo, basta con seguir paralelamente a la variable anterior (y) hasta cortar al eje z en el valor 10.

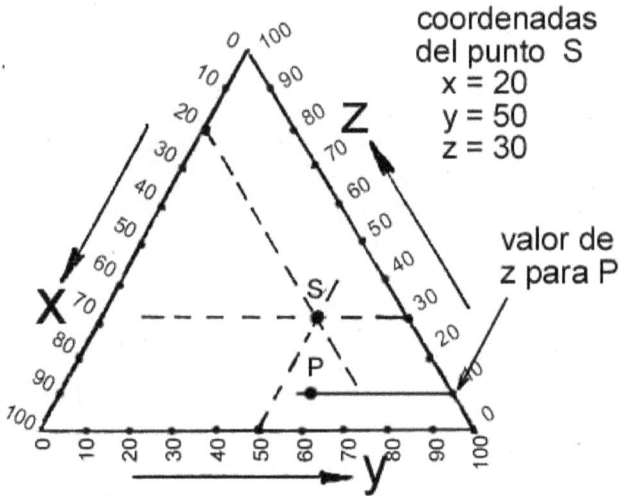

Así queda en definitiva la representación plana del diagrama ternario, con la convención de leer las coordenadas sobre cada lado en forma oblicua, siguiendo un orden direccional coherente para los tres lados.

Parte II: Operaciones de amolado

Rectificado de precisión
Plano
Cilíndrico exterior
Cilíndrico exterior "centerless"
Cilíndrico interior
Afilado de herramientas
Bruñido de cilindros
Tallado del vidrio

Rectificado manual
Asentado de herramientas
Repasado de muelas

Rectificado de desbaste
Amoladoras de pedestal, máquinas portátiles
y máquinas suspendidas
Desbaste y pulido del mármol

Tronzado con máquinas portátiles
Tronzado con máquinas estacionarias

Dada la gran diversidad de usos y aplicaciones de los abrasivos sólidos
conviene realizar algún tipo de ordenamiento que agrupe las operaciones
similares o afines. Se puede proceder de muchas maneras y de acuerdo a
criterios diferentes.

Adoptamos una simple y abarcadora clasificación consistente en agrupar los
cuerpos abrasivos por la finalidad de la tarea que cumplen y por la máquina
en que se usan, de acuerdo al siguiente esquema:

Rectificado de precisión: acá la piedra (muela) es guiada por una máquina
que obliga a realizar tareas precisas respetando rugosidades superficiales y
tolerancias dimensionales, importando este resultado como objetivo de la tarea
que se realiza.

Rectificado de desbaste: en este caso el cuerpo abrasivo es portado por una
máquina, estacionaria o libre manual, con el objetivo de remover una gran
cantidad de viruta por unidad de tiempo. Se trabaja con una presión
determinada, que puede ser muy alta.

Rectificado manual: se trata de cuerpos abrasivos que usados manualmente
(sin rotación) permiten operaciones de acabado superficial.

Tronzado: acá el objetivo es simplemente separar el material.

1. Rectificado de precisión

Rectificado plano periférico
En este tipo de rectificado, también llamado tangencial, la rueda va montada sobre un eje horizontal y la mesa puede tener un movimiento de vaivén longitudinal o bien un movimiento circular.
Las máquinas del primer tipo también permiten realizar el rectificado de perfiles pendular de vaivén longitudinal sin desplazamiento lateral. Las ruedas usuales tienen dimensiones que van de 175 a 500 mm, con espesores y bujes (o agujeros) de tamaños variados. También pueden ser ruedas rectas (tipo 1) o con escotes (tipo 5 y tipo 7).
Las características orientativas recomendadas son indicadas en la siguiente tabla.

Rectificado plano periférico o tangencial	
Aceros blandos sin tratar	
A 36 K 7V	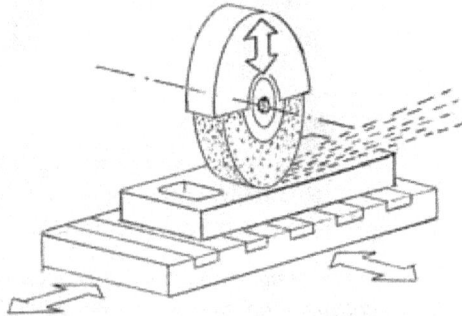
Rosa 36 J 7V	
Aceros templados	
AA 46 H 8V	
Acero rápido templado	
AA 46 G 8 V	
Acero inoxidable	
CN 54 H 8V	
AA 46 J 8V	
Fundición gris	
CN 36 J 5V	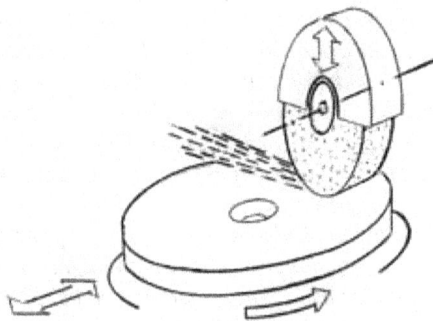
Fundición blanca	
CN 36 H 5V	
Metal duro (Widia)	
CV 60 J 5V	
Aluminio, bronce	
CN 46 J 5V impreg.	
Materiales plásticos	
CN 46 J 5V	

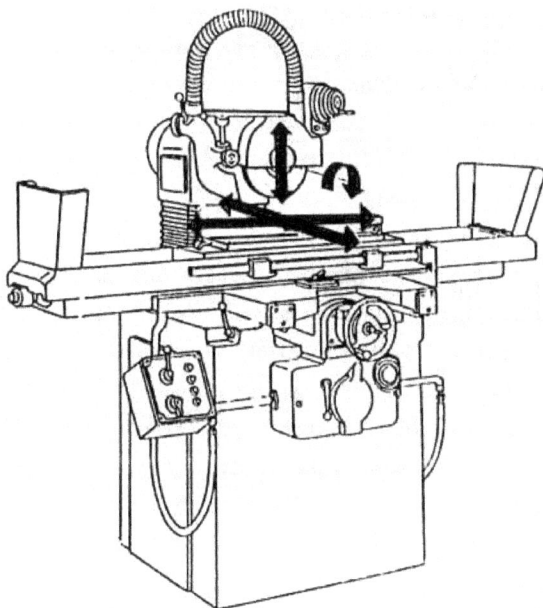

Rectificadora plana tangencial con desplazamiento transversal de la mesa

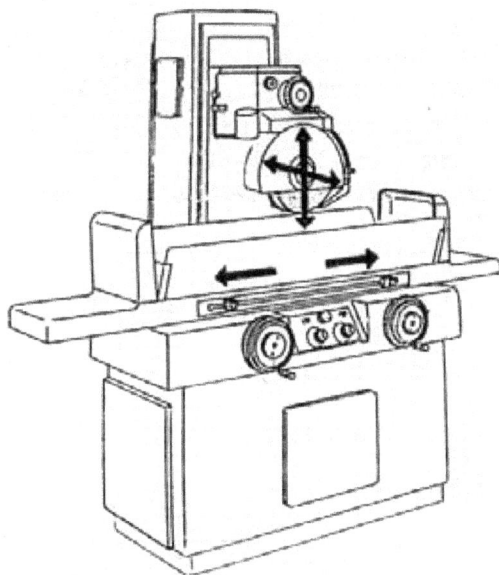

Rectificadora plana tangencial

Rectificado plano frontal

Las máquinas para este tipo de rectificado pueden ser de diversos diseños característicos: con husillo de eje vertical y la mesa con **movimiento longitudinal** *de vaivén, o si no con* **mesa rotatoria.** *También están las de mesa fija y* **cabezal oscilante,** *y por último existen las de husillo de eje horizontal para rectificar caras verticales. En todos los casos se usan piedras que trabajan sobre la cara frontal y pueden ser copas, anillos pegados sobre base metálica y segmentos. Estas máquinas permiten gran remoción de material a la vez que una muy buena terminación superficial. Por ello se deben realizar pasadas sucesivas hasta desaparecer la chispa, y de esta manera se puede conseguir una rugosidad superficial de, por ejemplo, 60 RMS trabajando con un grano de tamaño #24, y llegar a 25 RMS cuando se usa un grano #60. Esta operación se llama de chispeo (y "spark out" en inglés).*

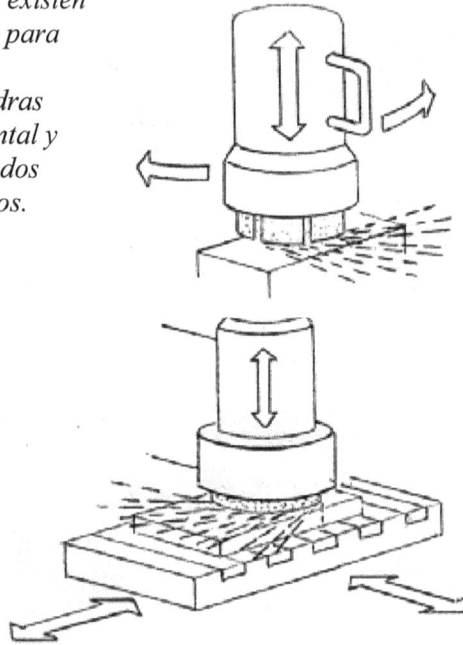

	Anillos Copas	Segmentos Tajes, Berco
Acero sin tratar	36 J 5V 46 J 5V	36 J 4B
Acero templado	36 J 5V 46 J 5V	36 J 4B 36 H 7V
Fundición de hierro	36 J 5V 36 J 5V	30 J 4B

anillo tipo 2

copa tipo 6

segmento Tajes

segmento Berco

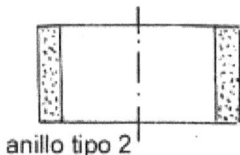

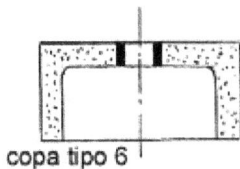

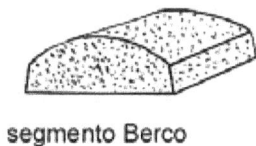

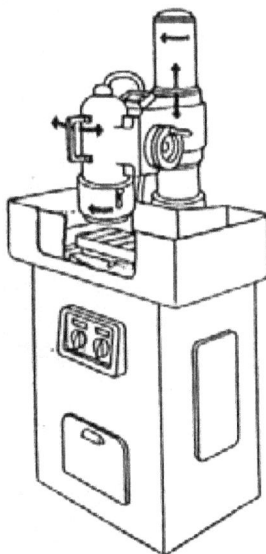

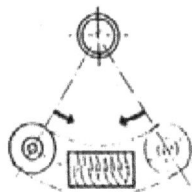

Rectificadora
plana frontal
oscilante
o de bandera

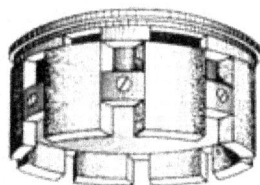

segmentos montados
sobre un plato

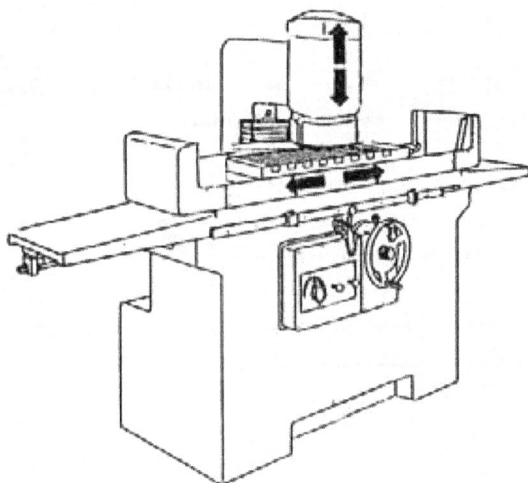

Rectificadora
plana frontal

Rectificado cilíndrico exterior entre centros
Acá encontramos dos sistemas diferentes de rectificado, con
desplazamiento longitudinal relativo (pasante) entre pieza y rueda
rectificadora, y por el otro lado, el sistema "plunge cut" de rectificado
penetrante.
Dentro del primer sistema se diseñan máquinas con dos criterios
diferentes: una de ellas, debida a Charles Norton, de la firma Brown
Saharpe, en la cual se desplaza la mesa con la pieza, teniendo esto la
ventaja de mantener la zona de trabajo quieta para el operador; y la
otra es el sistema Landis, en el cual se desplaza transversalmente el
cabezal rectificador. Este último sistema es adecuado para piezas muy
pesadas.
En cualquiera de los dos sistemas las ruedas abrasivas utilizadas son de
muy variadas dimensiones, pudiendo llegar a 1 m de diámetro, y las
velocidades de trabajo normales son entre 25 y 45 m/s, usándose para
lograr mayor rendimiento, en máquinas especialmente diseñadas para
ello, hasta 60 m/s con ruedas de fabricación especial en liga cerámica.

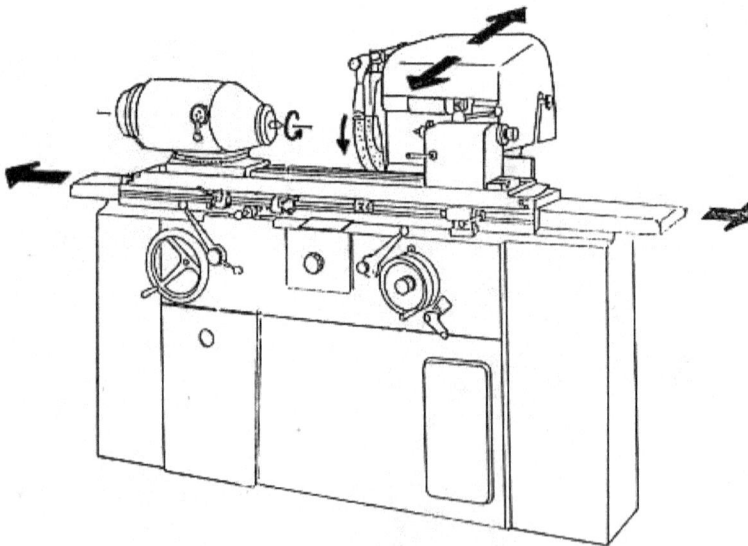

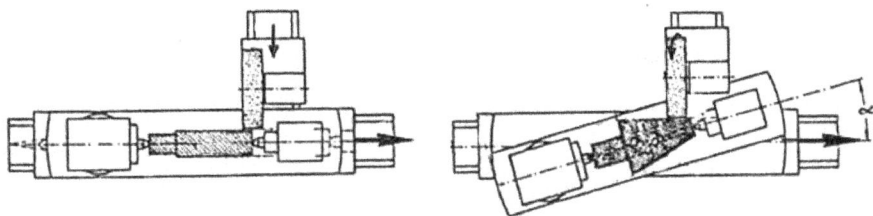

sistema Norton

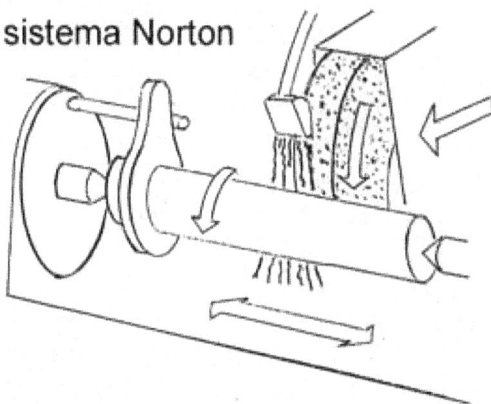

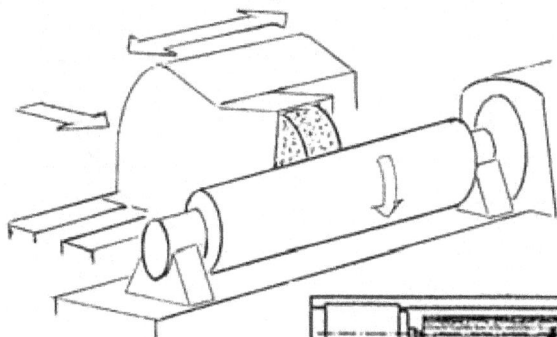

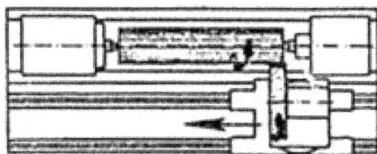

sistema Landis

Cilíndrico exterior de penetración
Dentro de los sistemas de
rectificado cilíndrico entre centros
tipo "plunge cut" se puede trabajar
con ruedas perfiladas que penetran
en forma perpendicular al eje de
giro de la pieza y rectifican
simultáneamente varios diámetros
escalonados, con ruedas rectas
descargadas lateralmente para
rectificar al mismo tiempo la superficie
cilíndrica y las superficies planas
frontales de respaldo.
En este caso, si el eje de la rueda es
paralelo al de la pieza, la terminación
superficial del respaldo deja un rayado
cruzado o "pattern" que puede ser
deficiente.
Para evitar esto se debe trabajar con el
eje de la rueda levemente inclinado.
La tabla nos indica algunas recomendaciones orientadoras en forma
general para el rectificado exterior entre centros, tanto de penetración
como pasante.

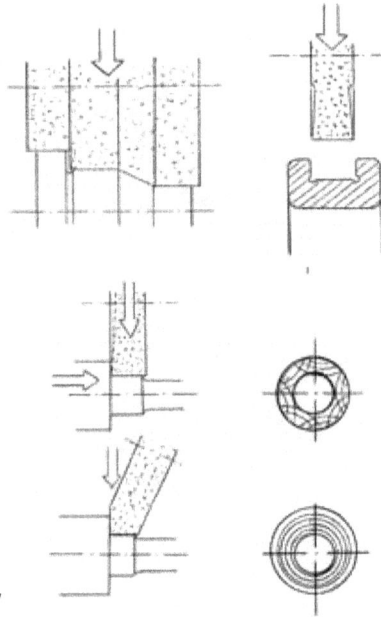

Rectificado cilíndrico en general pasante-penetrante	
Acero blando	54M5V
Acero templado	54K5V
(El grano puede ser más fino, hasta aprox. #100, para mejor terminación con menor dureza H o J.)	
Acero rápido templado	60J5V
Acero inoxidable tenaz	54K5V
Fundición gris	46K5V
Fundición blanca	54J5V
Metal duro aportado	80K5V
Aluminio, bronce	46J7V
Materiales plásticos	36H5V

Rectificado de cigüeñales
Debido al diseño de estas piezas, se requieren
grandes diámetros con espesores relativamente
pequeños. El proceso es penetrante,
requiriendo buena resistencia en los cantos
para mantener el espesor entre respaldos y los
radios de fondo. Se proveen con
especificaciones variadas según las
recomendaciones de la tabla adjunta y siempre
exclusivamente en liga cerámica o vitrificada. Los cigüeñales se
fabrican en general con aceros forjados y tratados térmicamente, pero
también se han desarrollado con éxito fundiciones aleadas especiales.

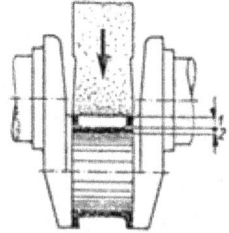

Para cigüeñales de	Desbaste	Acabado
acero o fundición nodular	46O4V	60M4V

Rectificado de árbol de levas
También es un proceso de rectificado penetrante, dado que el ancho de
la superficie mecanizada es menor que el espesor de la rueda, con la
particularidad de un movimiento oscilante de la pieza según el perfil de
la leva.
Las ligas usuales
son vitrificadas,
tanto para el
desbaste como
para la
terminación, y se
puede llegar a
trabajar con
velocidad de 60 m/s, aunque lo usual es 30 m/s.
La tabla muestra algunas recomendaciones.

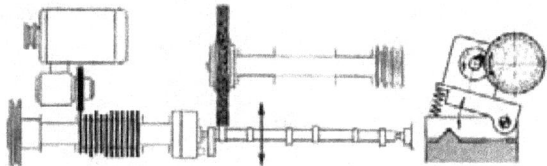

Para árboles de levas	Desbaste	Acabado
Fundición	46Q3V	70L4V
Acero cementado	46P4V	80M4B
Acero nitrurado	46P4V	C100L5V

Rectificado de cilindros de laminación

La particularidad de este proceso reside en que las piezas a tratar son herramientas de trabajo (y no piezas de ajuste), las que imprimen sus características a otras piezas de producción, y además son de tamaño y peso muy grandes, lo que obliga a usar máquinas de diseño adecuado ubicadas, por lo general, en el lugar de trabajo, es decir en la planta del tren de laminación.

Estas máquinas especiales permiten variar los parámetros de rectificado, como ser velocidad de la pieza, velocidad de la rueda, velocidad de avance lateral, profundidad de pasada, velocidad de diamantado y tipo de refrigerante, con lo cual, aun con la característica de un solo tipo de rueda montada en la máquina, se puede jugar de tal manera con estas variables externas que los resultados pueden ser sorprendentemente buenos.

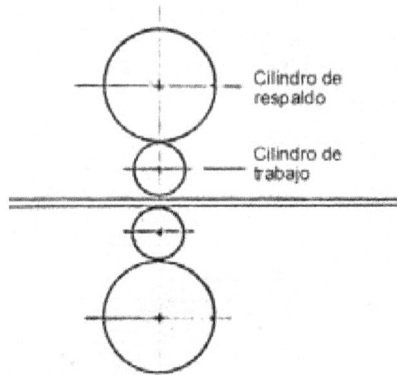

Cilindro de respaldo

Cilindro de trabajo

La fabricación de cilindros emplea materiales diversos que se indican genéricamente en la tabla de recomendaciones.

Las durezas superficiales de los cilindros, debido a su gran tamaño, se toman en la escala "shore C", con un aparato portátil.

La refrigeración conviene que sea a base de abundante agua con un pequeño agregado de aditivo sintético.

Cilindros para laminación en caliente (*hot strip mill working rolls*) de fundición dura al níquel, dureza 80 a 90 shore C o también de fundición aleada al Cr Ni y dureza 75 a 90 shore ------> CN ó CV 46 J hasta M3B; AA ó AM 30 K 4B.
Cilindros de respaldo para laminación en caliente (*hot strip mill working rolls*) de acero forjado con dureza 60 a 80 Shore ------> 36 a 46 J 4B.
Cilindros para laminación en frío (*cold strip mill working rolls*) de acero forjado y endurecido 90 a 100 shore -----> 60 a 180 K 4B.
Industria del papel:

Cilindros de fundición gris	CN 36 a 46 J 4B
Cilindros con cromado duro	Ros 80 H a I 5V; CN 120 J 4B
Cilindros de bronce	CN ó CV 80 a 320 J 4B
Cilindros de granito	CM 16 a 46 K 5V ó B

Tanto en la industria del papel como para el laminado en frío, para lograr terminación de pulido se debe usar ruedas extremadamente finas. como ser C 280 a 500 M4B.

Rectificado sin centros ("centerless")
Comúnmente llamado "centerless", por su nombre en inglés, es un
proceso de alta producción que puede presentarse en dos variantes:
- *De avance pasante.*
- *De alimentación transversal.*

En el primer caso se trata del rectificado de barras cilíndricas largas o
de piezas cortas que se alimentan longitudinalmente en forma sucesiva
y continua. En el segundo
caso, de alimentación
transversal, se trata de piezas
cilíndricas escalonadas con
varios diámetros diferentes y
eventualmente con perfiles o
superficies cónicas, las que se
rectifican de una por vez.
En ambos sistemas la pieza no
es sostenida entre puntos, sino
que se autocentra por su
diámetro exterior al
quedar apoyada entre la
rueda operadora, la
rueda de arrastre y la
cuchilla de apoyo. De
esta manera se llega más
rápidamente a la medida
final con menor consumo
de material. La rueda
operadora gira a
velocidad de corte del

orden de 25 a 35 m/s y la rueda de arrastre más lentamente, solamente
8 a 15 m/s. La fricción contra la rueda de arrastre es mucho mayor que
la operadora y frena a la pieza llevándola a su velocidad de giro
$Vp = VRa.$
La velocidad de corte resulta por diferencia entre Vs y Vp.
Además, debido al pequeño ángulo de oblicuidad de la rueda de
arrastre, se logra el avance de la barra.

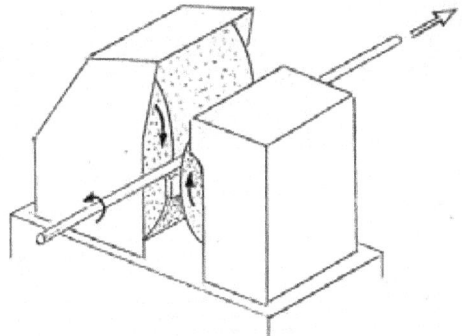

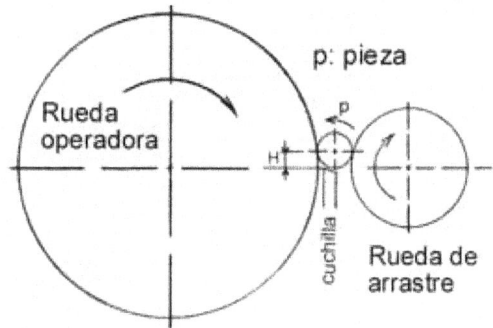

Para lograr una determinada velocidad de pieza se tiene:

$Vp = VRa = \pi\, \Phi Ra \times nRa / 1.000$ con la velocidad en m/min, el diámetro ΦRa en mm, las revoluciones nRa por minuto, y en consecuencia:

$nRa = 1000 \times Vp / \pi\, \Phi Ra$ permite ajustar adecuadamente la velocidad de giro de la rueda de arrastre en combinación con la velocidad de la operadora.

Veloc. de corte $= Vs - Vp$

$Vs = \pi\, \Phi Rs \times nRs / 1000 \times 60$, velocidad periférica en m/seg.

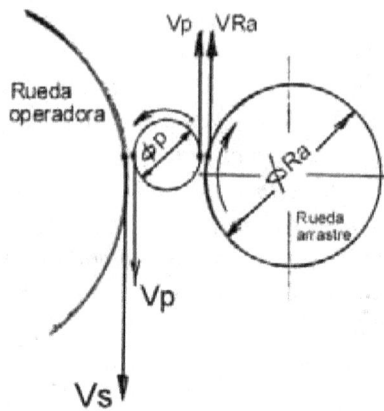

Además vale obviamente: $np = nRa\,(DRa / Dp)$.

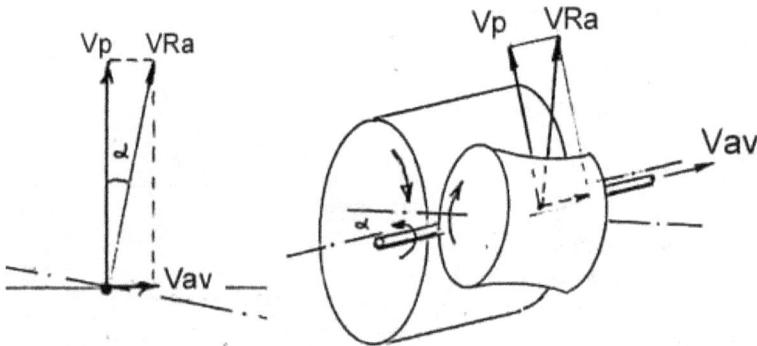

En el rectificado pasante la velocidad de giro de la pieza es exactamente $Vp = VRa \cos \alpha$.

Siendo α pequeño vale aproximadamente $Vp \cong VRa$, pero el avance viene dado por

$Vav = VRa \operatorname{sen} \alpha = Vp \operatorname{sen} \alpha$, con valores de α entre $3°$ a $8°$.

Para obtener un avance determinado se calcula $\operatorname{arcsen} \alpha = Vav/VRa$.

La altura de la cuchilla de apoyo es de vital importancia, aconsejándose, en forma general, elevar el centro de la pieza por sobre

*la línea de ejes de ambas ruedas, es decir la cota H, de acuerdo a la
siguiente fórmula:*

$H = \sqrt{1,6 \times D \, mm}$ *(D es el diámetro de la pieza)*

No debiéndose en ningún caso superar los 12 mm para piezas grandes.

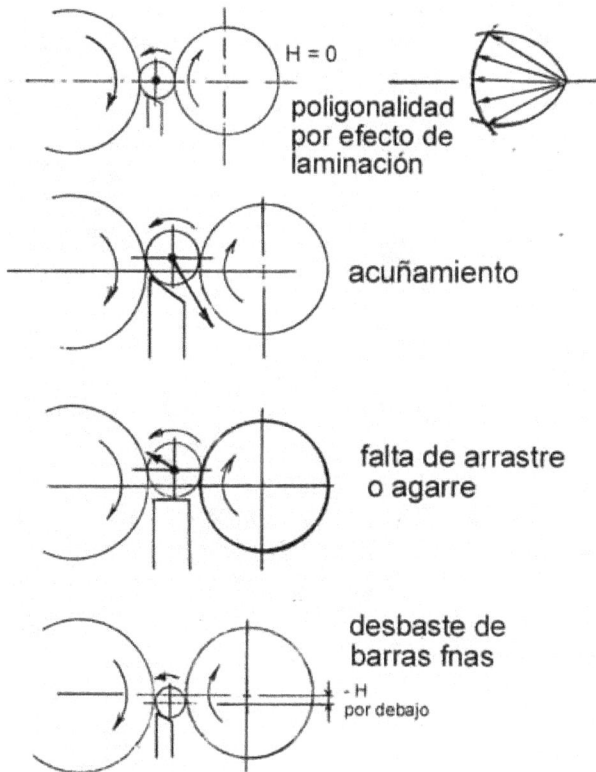

H = 0

poligonalidad
por efecto de
laminación

acuñamiento

falta de arrastre
o agarre

desbaste de
barras fnas

- H
por debajo

*Si la cuchilla se eleva demasiado y la barra es muy fina, esta última
tiende a saltar y el vibrado se hace inevitable, produciendo marcas
llamadas "chatter". Se puede corregir agregando guías superiores.
Si el centro de la pieza está al centro, exactamente sobre la línea de
ejes, puede producirse poligonalidad por efecto de laminado y copiado
de errores que tienden a acentuarse, no lográndose redondez.*

Si la barra es muy fina puede ser necesario colocarla bajo centro, pero esto no contribuye a la redondez final, por lo que se puede aconsejar para una primera pasada de desbaste y luego, en la pasada final, elevarse la cuchilla.

El grado de inclinación del plano de apoyo en la cuchilla es de gran importancia. El vibrado o "chatter" también puede ser producido por un excesivo ángulo que induce a un acuñado de la pieza contra la rueda de arrastre con una deflexión oscilante de la cuchilla.

De la misma manera, una rueda operadora excesivamente dura puede producir un excesivo acuñamiento de la pieza entre ruedas y cuchilla. Líneas espirales son un indicio de mala alineación de la rueda de arrastre. En el caso de piezas cortas la incorrecta alineación de las guías de entrada y de salida producen convexidad o concavidad en las piezas.

En el rectificado de alimentación transversal, el ángulo de apoyo es muy pequeño ($\alpha = \frac{1}{2}°$), sirviendo únicamente para garantizar el apoyo de la pieza contra el tope lateral. La velocidad de arrastre es del orden de 20 a 36 m/s, mayor que para el rectificado pasante.

De la misma manera, conviene colocar la pieza lo más alto posible para lograr la mayor redondez sin llegar al punto de producir el vibrado.

En ambos sistemas es recomendable usar ruedas operadoras con cantos duros, en el pasante, a la entrada de la alimentación, y en el transversal, donde se encuentran radios agudos en el perfil de la pieza.

Para el diamantado de las ruedas, en el sistema pasante, se pueden usar diamantes "single point", o sea de una gema, pero en el rectificado transversal se aconsejan los diamantes conglomerados, si el perfil lo admite, para de esa manera evitar rayas. Las ruedas de arrastre son exclusivamente de liga goma o de bakelita. Preferentemente goma. Debe cuidarse que el líquido refrigerante no la ataque, especialmente si es de liga goma.

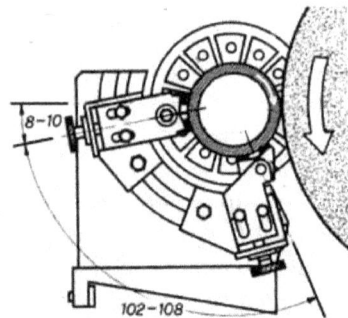

Un tipo de sin centros muy especial, sobre lunetas y plato magnético de arrastre

Rectificado cilíndrico interior
Esta operación se realiza en la rectificadora universal, con un cabezal volcable, o en máquinas especialmente diseñadas para este trabajo. En el caso de piezas grandes de difícil sujeción el husillo portapiedras realiza un movimiento de tipo planetario, quedando la pieza fija.

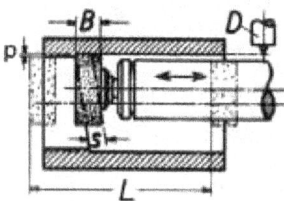

Rectificado longitudinal
B ancho de rueda
s avance longitudinal
p profundidad pasada
L recorrido de trabajo
D diamante

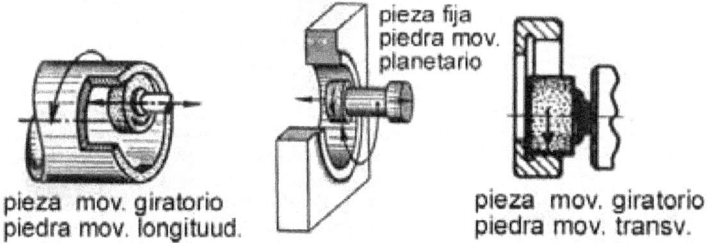

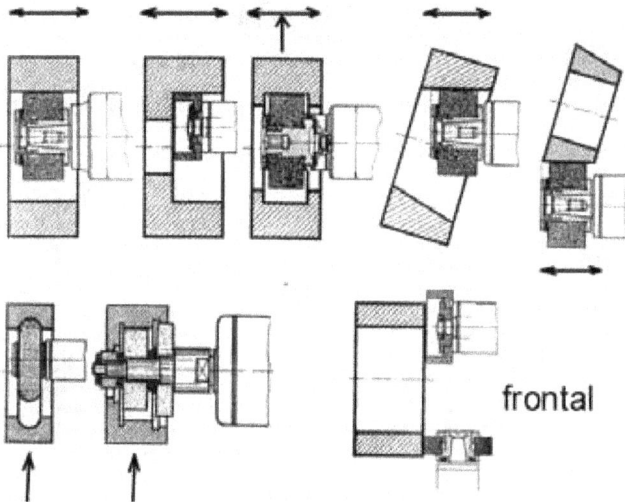

pieza fija
piedra mov.
planetario

pieza mov. giratorio
piedra mov. longituud.

pieza mov. giratorio
piedra mov. transv.

frontal

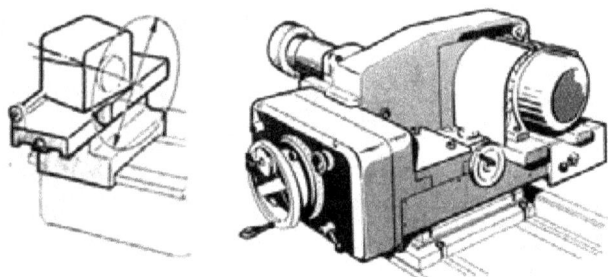

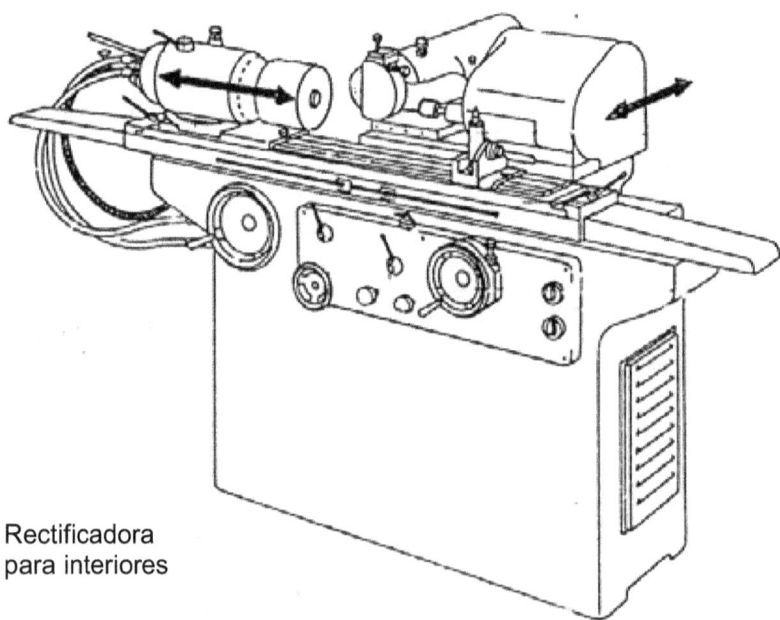

Rectificadora
para interiores

Las velocidades de corte normales son de aproximadamente 30 m/s, y para ello se requieren, teniendo en cuenta las pequeñas dimensiones de las ruedas abrasivas, mandriles especiales de altas revoluciones, por ejemplo 30.000 rpm.

Debido al gran arco de contacto entre pieza y rueda abrasiva, y por otro lado a las pequeñas presiones en juego, se deben usar durezas bajas, con ligas y tamaño de grano acordes con el tamaño del hueco a rectificar.

Es casi imprescindible el uso de líquido refrigerante.

Un caso particular destacable es la industria de rodamientos, para la cual se desarrollan máquinas de alta producción, y en ese caso las ruedas son perfiladas y con impregnación de azufre.

El movimiento de la piedra puede dar lugar a un rectificado longitudinal o transversal ("plongee"), o ambos combinados, con penetración y oscilación longitudinal.

Debido a la limitación del tamaño del husillo, se aconseja usar dimensiones de piedra acordes con el agujero de la pieza, tal como se indica en las figuras, y procurar un diseño lo más robusto posible, evitando voladizos innecesarios y diámetros de mandril débiles.

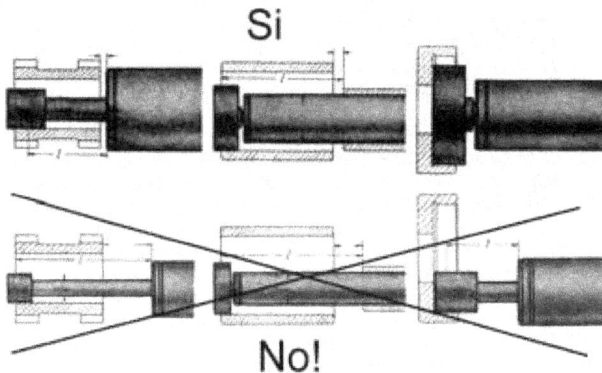

Si

No!

Los sobremateriales deben mantenerse en la menor medida posible, dado que el tamaño de grano grande, que sería adecuado desde el punto de vista de la viruta que debe desbastarse, tiene el inconveniente de provocar mayores esfuerzos que pueden a su vez inducir vibraciones o deformaciones. Las vibraciones se pueden aliviar con ruedas más duras y grano más fino.

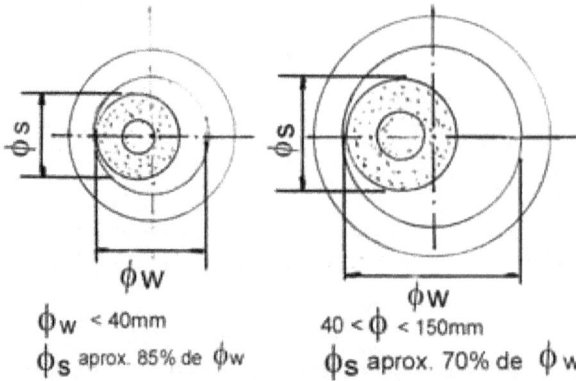

ϕ_w < 40mm   40 < ϕ < 150mm

ϕ_s aprox. 85% de ϕ_w ϕ_s aprox. 70% de ϕ_w

Si se aumenta la Vw debe aumentarse la dureza de la piedra.
Si se aumenta la Vs debe usarse piedra más blanda.
Las máquinas automáticas, que realizan un diamantado en cada ciclo de trabajo, requieren piedras más duras.
Un caso especial de rectificado interior es el sin centros, apoyando la pieza sobre patines que le dan concentricidad. Este sistema es también aplicable a un tipo especial de rectificado exterior.

Sin centros interior
con lunetas
1 pieza
2 plato magnético
3 rueda abrasiva
4 fuerza rectificado
5 fuerza resultante de
   apoyo excentrico
6 y 7 apoyos luneta
e excentricidad

	Agujero $\emptyset$ < 50 mm	$\emptyset$ > 50 mm
Acero blando	Ros 80 M 5V	Ros ó AM 46 K 7V
Acero templado	AA 80 K 5V	AA 46 H 7V
Acero rápido templ.	Rubí 80 I 5V	Ros 46 G 5V
Acero inox.	CN 60 J 5V	CN 46 H 7V
Fundic. gris	CN 60 L 5V	CN 46 K 5V
Fundic. blanca	CN 80 I 5V	CN 54 H 5V
Metal duro	CV 80 H 5V	CV 60 G 7V
No ferrosos	CN 46 J 5Vimpr	CN 36 H 5Vimpr

Afilado de herramientas en general
En el cuarto de afilado ("tool room") se realizan las más diversas
operaciones de afilado para herramientas de muy diversos diseños
particulares, por eso existe una gran variedad de cuerpos abrasivos
adecuados para esa gran gama de posibles operaciones.
Intentando clasificar esas tareas también es posible agrupar las
diferentes formas y diseños de ruedas abrasivas.
Un criterio por tipo de máquina permite la siguiente clasificación:
1. Amoladora de banco o de pedestal para uso general en forma
manual. Con ruedas rectas tipo 1 de diámetros entre 100 y 400 mm.
2. Afiladora de banco o de pedestal para uso frontal manual
Con copas rectas y ruedas con escote.

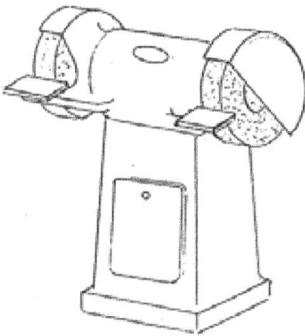

Amoladora de pedestal   Amoladora
                                          de banco

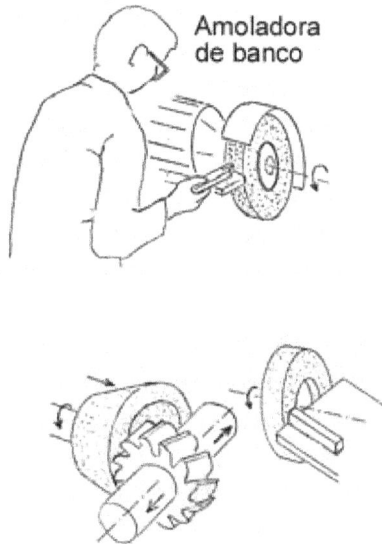

3. Afiladora universal de
herramientas. Con ruedas rectas,
ruedas con escote, copas rectas o
cónicas, platillos, etc.

Otras operaciones con características de tipo especial que requieren
máquinas adecuadas y especializadas son, por ejemplo:
4. Afilado de sierras. Con ruedas de perfil con chanfle
5. Rectificado de roscas. Con ruedas rectas con o sin perfil, ya sea
simple o múltiple

Afiladora
universal

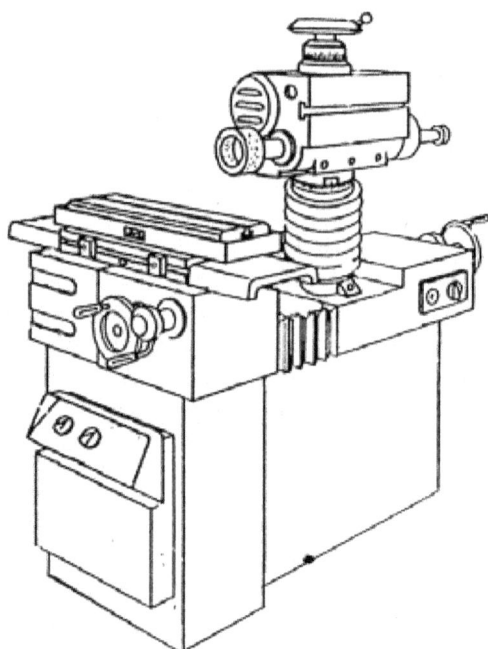

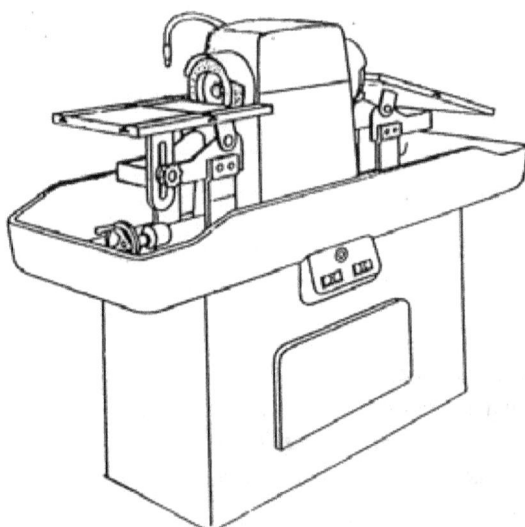

Afiladora
frontal

Tipificación de las
ruedas: rectas, con
escote, anillos,
copas rectas o
cónicas y platillos

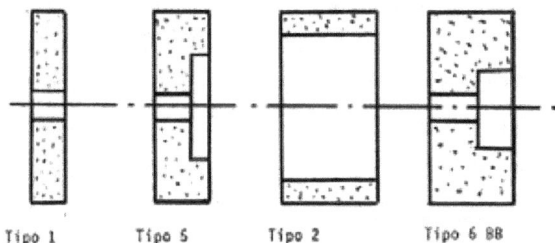

Tipo 1　　　　Tipo 5　　　Tipo 2　　　　Tipo 6 BB

*Se dan en forma
orientadora
algunas
características para
las operaciones
antes mencionadas.*

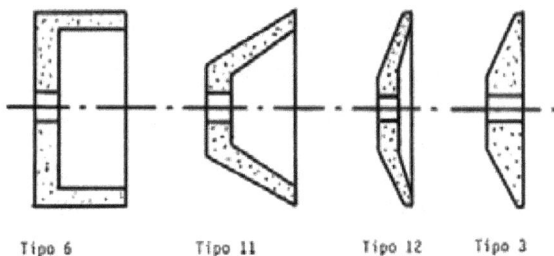

Tipo 6　　　　　Tipo 11　　　　Tipo 12　　　Tipo 3

	Desbaste	Acabado
1. Para amoladoras de pedestal o de banco		
Acero sin tratar	A 24 R 5V; A 36 Q 5V	A 60 M 5V
Acero templado	AA 36 M 5V	AA 60 K 5V
Metal duro	CV 60 K 7V	CV 100 J 5V
2. Para amoladoras de uso frontal		
Acero templado	AA 36 K 5V	AA 80 J 5V
Metal duro	CV 36 J 5V	CV 100 I 5V
3. Para afiladoras universal		
a. con rueda recta		
Acero templado	AA 46 K 5V	AA 80 J 5V
Metal duro	CV 46 K 5V	CV 100 J 5V
b. con copas y platillos		
Acero templado	AA 60 J 5V	AA 120 J 7V
Metal duro	CV 60 J 5V	CV 120 J 5V

c. afilado de brocas perforadoras con insertos de metal duro, con copas
tipo 6BB, CV 46 J 5V si se trabaja con refrigeración, en caso de en seco
usar una letra más blanda.

Herramientas de torno simples

Se trata de herramientas "single point" (o sea de un filo simple).
El análisis geométrico de estas herramientas es aplicable igualmente a
los filos cortantes de las herramientas correspondientes a cualquier
proceso de mecanizado por desprendimiento de viruta, como ser
cepillado, fresado, taladrado, etc.

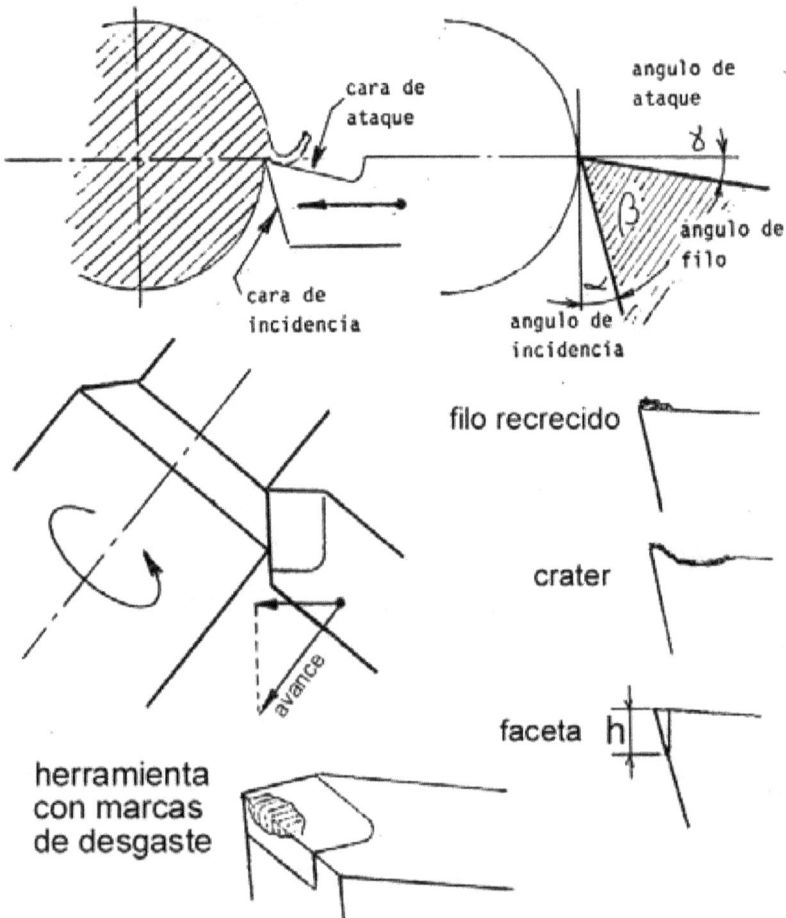

Observando la figura se ve la importancia de los valores de ángulo de incidencia, ángulo de ataque y ángulo de filo.
Sobre las caras correspondientes se producen los efectos de desgaste por el arrastre de la viruta desprendida y por el rozamiento entre pieza y herramienta, con las siguientes marcas en consecuencia: faceta, cráter y filo recrecido.
*Sobre la **cara de ataque** se observa eventualmente **filo recrecido** y **cráter** por rozamiento de la viruta que se desliza.*
*Sobre la **cara de incidencia** se observa una **faceta** de desgaste por rozamiento, la cual no debe superar un valor estimado de 0,6 mm. El control de la altura de esta faceta permite decidir el momento del reafilado.*
Las correspondientes designaciones técnicas en inglés y alemán son:
Ángulo de ataque (γ)= rake angle = Spanwinkel.
Ángulo de incidencia (β) = relief angle = Freiwinkel.

Los materiales de las herramientas de corte pueden ser:
- *acero al carbono,*
- *acero rápido,*
- *metal duro,*
- *cerámicas y diamante.*

De acuerdo a éste se elige la característica de la rueda abrasiva.
En la figura se muestra el caso más usual de herramienta con inserto de metal duro. Conviene usar copa o rueda con escote para trabajar con una superficie plana y evitar convexidades sobre las caras afiladas.

Recomendaciones importantes para el afilado:
1. Mantener la herramienta en permanente movimiento durante el afilado.
2. Si se usa refrigerante, debe ser muy abundante, para evitar el choque térmico.
3. Atacar contra el cuerpo del filo y no saliendo.
4. Seguir el siguiente orden: primero acondicionar la cara de ataque, luego la lateral, y por último la de incidencia, conformando la punta o filo, y finalmente asentar ese filo.

Herramientas de filos múltiples
Todas las herramientas de corte requieren reafilado frecuente para que
su vida útil sea mayor. Un trabajo prolongado sin el reafilado
correspondiente produce un filo deteriorado que luego requiere más
remoción de material y pérdida de vida útil de la herramienta.
Tenemos dos tipos generales de herramientas:
a) las que requieren el afilado sobre la cara de incidencia (no
debiéndose tocar la cara de ataque) y se rectifican sobre la periferia, ya
sea con ruedas rectas o con copas, como ser escariadores, fresas no de
forma, brocas, etc.;
b) las que son de perfil constante y por consiguiente no permiten variar
las caras de incidencia, debiendo rectificarse únicamente la cara de
ataque, como ser fresas de forma, talladoras de engranajes, machos de
roscar, etc. Se afilan con platillos.

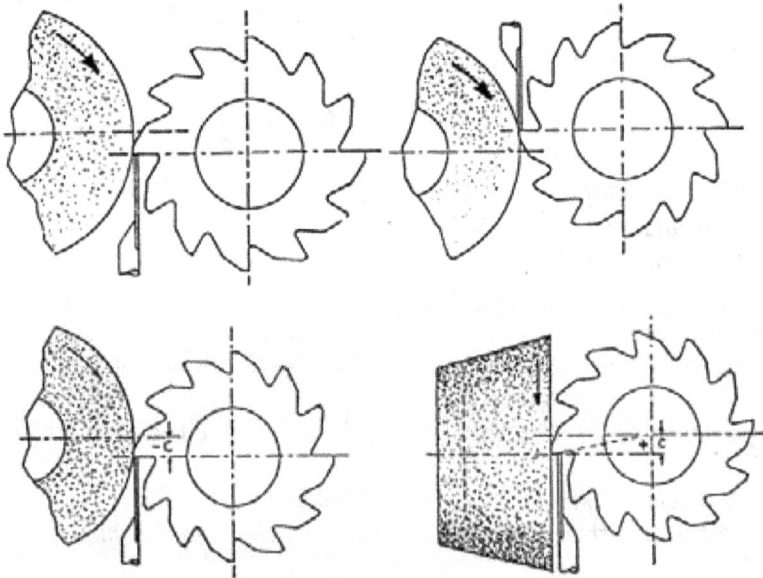

En todos los casos se requiere fijar la posición de indexado o giro
escalonado de la herramienta para cada filo, y eso se logra con una
lengüeta de apoyo que puede disponerse de dos formas diferentes, para
rectificar atacando el filo y evitar rebabas ("grinding on") o saliendo
del filo ("grinding off").

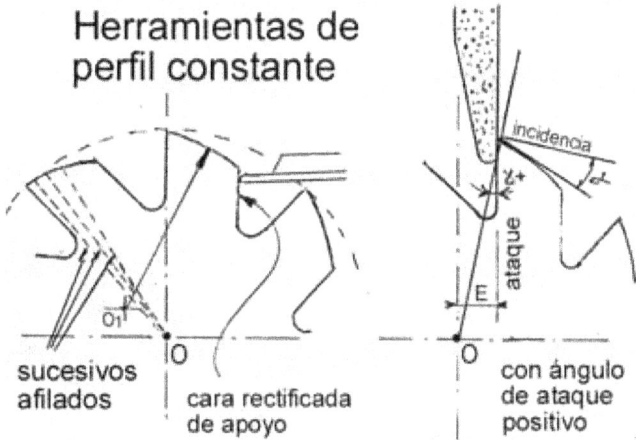

Herramientas de perfil constante

sucesivos afilados | cara rectificada de apoyo | con ángulo de ataque positivo

Si bien la primera variante es preferida desde el punto de vista de la terminación, acá sin embargo se privilegia la seguridad en el apoyo, dado que la presión de afilado contra el apoyo asegura la firmeza de la posición.

Las eventuales rebabas se eliminan luego con piedra de asentar.

Entre las del tipo (a) se tienen también las que son de filos rectos o helicoidales, debiéndose tener, en este último caso, la precaución de realizar el apoyo de cada diente para el paso de giro en cada filo solidario con el cabezal de la muela.

De este modo se permite que el filo helicoidal acompañe y mantenga la misma altura o posición de contacto con la muela a medida que se desplaza la herramienta.

Los filos se rectifican en su cara de incidencia, ya sea por medio de ruedas rectas o por medio de copas rectas o cónicas, y según sea el caso, así se deberán disponer las alturas de los centros de piedra y herramienta: en el caso de rueda recta el centro de la rueda debe estar posicionado por encima del centro de la herramienta, y en el caso de copa la misma debe estar con su centro por debajo, tal como se indica en las figuras; pero además, para lograr el ángulo adecuado y de acuerdo a las tablas que se adjuntan, se ve que para la rueda recta el valor "C" de excentricidad depende del diámetro de la herramienta objeto del afilado.

Los ángulos de incidencia recomendados dependen de varios factores, como ser: el tipo de material a trabajar, el acero de la herramienta, la forma o tipo de la herramienta, etc., y se encuentran en libros de tecnología mecánica o recomendaciones, marcadas por la experiencia. Damos acá una tabla con datos generales orientadores.

Allí vemos que para los metales duros se puede reducir el ángulo de incidencia (fortaleciendo así el filo) comparativamente a los aceros rápidos, y que para los materiales no ferrosos, por su mayor plasticidad y tendencia a generar rozamiento, se requieren incidencias más grandes. Por otro lado, los filos frontales o laterales pueden ser mucho menores que los correspondientes filos periféricos.

En los croquis adjuntos se indica la posición de cada tipo de filo, siendo los periféricos superficies curvas y los laterales o frontales sobre líneas rectas.

En el caso de escariadores se aconseja, antes de realizar el ángulo de incidencia, proceder a repasar el diámetro con un rectificado cilíndrico de emparejamiento y centrado, y luego las caras de incidencia para, por último, asentar con el pan de carburo fino.

Las herramientas de perfil constante están diseñadas de modo que la cara de incidencia, con el contorno del perfil deseado, se mantiene constante a lo largo de un arco de circunferencia excéntrico que le da el ángulo de incidencia establecido.

En cada afilada se va modificando levemente el ángulo de incidencia, con la consecuente alteración del contorno, pero es despreciable a los fines prácticos.

Como, además, con cada afilada se va alterando la altura de cada filo, o sea el radio de la herramienta para ese filo en particular, se hace necesario tener una superficie de apoyo rectificada de referencia sobre la espalda de cada diente.

La lengüeta posicionadora actúa sobre esta cara de referencia original garantizando así la concentricidad de todos los dientes.

En general se trabaja en seco, para lograr buena visión, dado que una refrigeración deficiente sería peligrosa por temples localizados. Esto, por supuesto, obliga a trabajar con presiones suaves para evitar el quemado.

	Diámetro	Valores de C para ángulos de incidencia			
		4°	5°	6°	7°
Rueda recta	75 mm	− 2,5　mm	3,3	4	4,65
	100	3,5	4,4	5,3	6,15
	125	4,4	5,5	6,6	7,75
	150	5,3	6,6	8	9,3
	175	6,2	7,75	9,3	−10,8
Copas	12 mm	+ 0,45	0,55	0,65	0,85
	25	0,9	1,1	1,35	1,55
	50	1,8	2,2	2,7	3,1
	75	2,65	3,3	4	4,7
	100	3,5	4,4	5,3	6,2
	125	4,4	5,6	6,7	7,8
	150	5,25	6.65	8	+9,35

filos periféricos

filos laterales

	Ángulos de incidencia para herramientas de aplicación en materiales:	
	Ferrosos	No ferrosos
Filos periféricos		
Ac rápido	5° a 10°	7° a 12°
Met duro	4° a 6°	5° a10°
Filo lateral	1° a 4°	2° a 7°

Afilado de sierras

Dentro de los afilados especiales encontramos el afilado de sierras, ya sea sinfín o circulares, que normalmente se realiza en seco y por lo tanto requiere ruedas abrasivas que no quemen las agudas puntas de los dientes, pero a su vez mantengan el perfil.
Si bien los perfiles de la rueda pueden ser variados, el más usual es el tipo C.

Las dimensiones standard son:

para diámetros entre 100 mm y 178 mm con espesores de 3,2 mm, 6,4 mm, 8 mm, 9,5 mm y 12,7 mm;

para diámetros entre 200 mm y 400 mm con espesores de entre 6,4 y 15,8 mm.

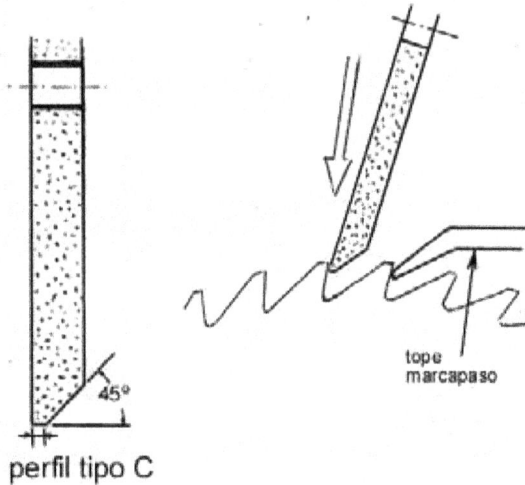

perfil tipo C

tope marcapaso

Recomendaciones orientadoras:

Sinfín para madera	A 70 Q 5V
Sierra circular para madera	AM 60 M 5V
Sierra de acero rápido para metal	Rosa 80 N 5V
Sierra con insertos de metal duro	CV 60 K 5V

A pedido especial se fabrican ruedas tipo sándwich con dos capas diferenciadas para mantener el perfil y a la vez evitar el quemado, con grano blanco o rosado.
En algunos casos se puede usar liga resina con la característica
A 60 N 4B   AM 60 M 4B

Afilado de cuchillas

Las cuchillas utilizadas en la industria de la madera, ya sean desbobinadoras o tranchas, están fabricadas con aceros de aleación tratados térmicamente para lograr una dureza final de aproximadamente 58 HRc (dureza Rockwell C). Estos aceros resultan muy sensibles al calentamiento durante el afilado, especialmente en el borde del filo agudo, donde por falta de masa no se disipa el calor. Normalmente se entregan sin el filo final, debiendo realizarse éste en el lugar de trabajo por medio de copas de características adecuadas y con un cuidado especial, tal como se indica.

Según se indica en el dibujo, la cara 1 viene terminada de fábrica y no debe ser rectificada. Además, el uso la va puliendo por el desprendimiento de la viruta, manteniéndola siempre brillante. La cara 2 es la que debe ser rectificada periódicamente para restituir su filo correcto. La forma conveniente de piedra es la copa recta tipo 6, para lograr que se produzca una superficie perfectamente plana, tal como se indica en la figura.

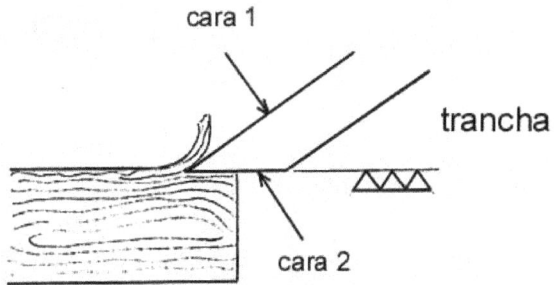

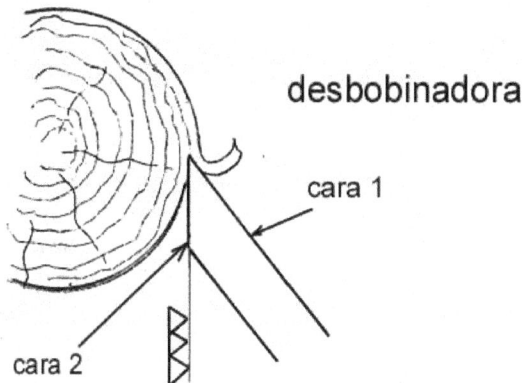

Las características adecuadas son:

| Para desbaste | AA 36 G 5V ó AA 36 H 8V |
| Para terminación | AA 46 H 5V ó AA 60 J 8V |

El ángulo β debe ser pequeño, no mayor de 1º a 3º, y sirve para evitar el solapado de las rayas de rectificado. La velocidad de trabajo Vs debe atacar el filo de manera de comprimirlo contra el cuerpo de la cuchilla, y no debe superar los 25 m/seg. La velocidad de avance Vt y la profundidad de pasada deben graduarse de modo de lograr una buena terminación superficial evitando el quemado del filo, que se manifiesta con manchas en el acero.

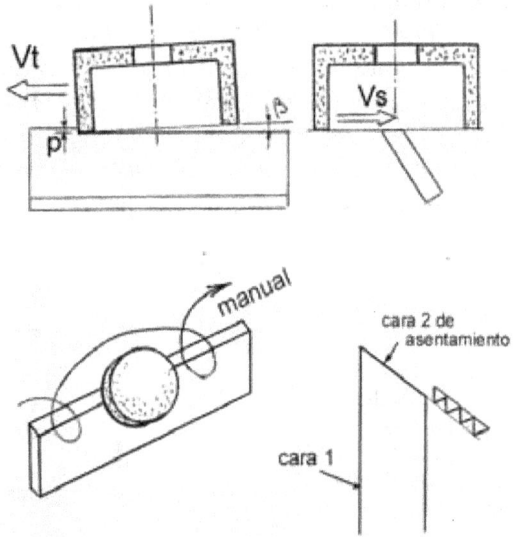

Para lograr una buena terminación superficial se deben realizar algunas últimas pasadas de chispeo sin modificación de la profundidad hasta desaparecer. De esta manera, aun con granos relativamente gruesos, puede lograrse una muy buena terminación.

La refrigeración es primordial, debiendo ser intensa y localizada en la zona de trabajo. Se recomienda agua con aditivo sintético para evitar la oxidación de la máquina. Los aceites solubles tienden a empastar y el kerosén produce humo molesto. Si no se dispone de copas con características adecuadas, lo único que puede intentarse es modificar los parámetros de trabajo, profundidad de pasada (p) y velocidad (v).

El procedimiento general recomendado es realizar primeramente el desbaste y luego terminar con la copa de grano fino, para de esta manera lograr un afilado óptimo. Luego, por último, asentar manualmente con un pan doble faz embebido en kerosén, matando la rebaba tocando la cara 1 en forma plana.

Rectificado de roscas

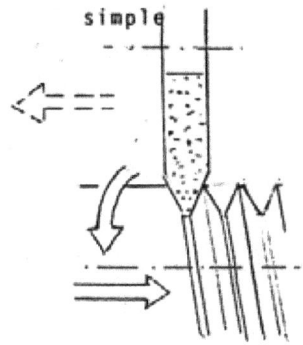

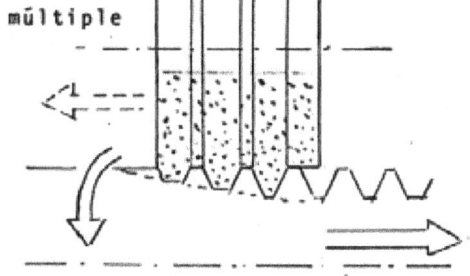

El rectificado de roscas se realiza en máquinas de diseño especial con movimiento pasante lateral según el avance de la rosca, o penetrante.

RECTIFICADO DE ROSCAS

simple   múltiple

Pasante lateral, con el paso
de la rosca se da el avance.

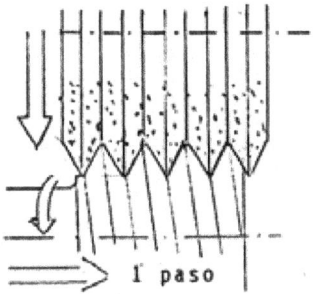

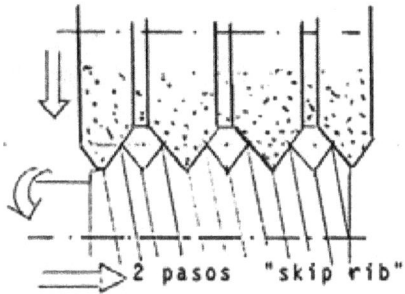

1 paso   2 pasos "skip rib"

Penetrante, la pieza gira una
o dos veces solamente.

Según el procedimiento elegido se utilizan ruedas de un solo perfil ("simple rib") con rectificado pasante lateral, o, para mayor rendimiento, ruedas multiperfil.

Si el ancho de la rueda supera al de la rosca, el trabajo puede realizarse en forma penetrante, lográndose de esta manera el mínimo de tiempo de operación, y en este caso la pieza realiza solamente una revolución completa.

Para evitar el diamantado conflictivo de la raíz de la entalladura en la rueda, se puede usar el sistema "skip rib", salteando un filete de rosca, con lo que se requieren dos vueltas de la pieza.

Si el ángulo de la hélice supera los 2° se requiere dar a la rueda la inclinación correspondiente.

La lubricación es por medio de aceite mineral.

Recomendaciones generales:

Para ruedas monoperfil o multiperfil pasante:

p < 1,5   AA 400 J 3V ó CV 500 K 4V

1,75 < p < 5,5   AA 220 I 3V ó CV 320 K 4V

p > 6 mm   AA 100 H 4V

Para ruedas multiperfil penetrante:

p < 2mm   AA 320 I 3V ó CV 400 J 4V

p > 2mm   AA 180 I 3V ó CV 220 I 4V

Para una buena terminación superficial también se puede usar ruedas en liga bakelita con granos de #120 a #400 y durezas entre S y U.

Limas bruñidoras

El proceso de bruñido significa un rectificado de precisión para agujeros cilíndricos, reservándose la designación de "finishing" o bruñido exterior al caso de superficies externas. De acuerdo a la denominación americana, también se lo conoce como "honing".

El bruñido (interior) se realiza por medio de mandriles expansibles, sobre los cuales va montado un juego de limas bruñidoras pegadas sobre soportes. El mandril expansible produce una presión determinada sobre la superficie de contacto y realiza un movimiento de vaivén axial, combinado con un giro constante, con lo cual se genera una velocidad de corte (Vc) compuesta por una componente axial (Vax) y otra componente (Vt) tangencial.

En el movimiento de vaivén, al retornar la lima, la huella se cruza con la de bajada, cortándose en un ángulo tal como se indica en la figura, que según la experiencia conviene que esté cerca de los 50°.

La presión de contacto afecta directamente a la terminación superficial y a los errores de cilindricidad, y un poco menos a la redondez.

Los valores de presión pueden oscilar entre 4 y 25 kg/cm², siendo el valor 15 kg/cm² un límite superior para las ligas vitrificadas.

Tal como se indica en la figura, la deformación cilíndrica se agrava con la presión, debido al efecto de volcado en los extremos.

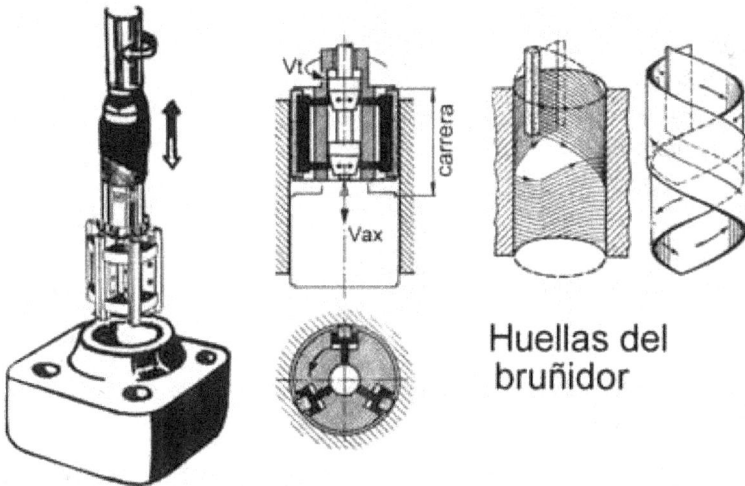

Huellas del bruñidor

El proceso de desgaste y rotura de los granos abrasivos (para una presión determinada) se ve influenciado por las velocidades Vt y Vax, lo que produce un proceso de autoafilado adecuado para obtener la terminación superficial deseada.

De los gráficos se ve que las velocidades mayores mejoran la rugosidad, disminuyéndola, y también el desgaste del abrasivo; especialmente la componente Vt.

Conviene trabajar con velocidades altas, manteniendo constante el ángulo de cruce.

La velocidad resultante Vc, comparada con las velocidades de corte de cualquier otro proceso de rectificado, es notablemente menor, del orden de los 10 a 50 m/min. Vemos en la tabla adjunta que los valores de Vt pueden oscilar entre 10 y 40 m/min, mientras que la Vc está entre 10 y 45 m/min, según los materiales que se traten.

La longitud de las limas es beneficiosa para la buena cilindricidad, como asimismo para la redondez conviene una distribución no simétrica de un número impar de limas.

La terminación superficial se mejora con grano fino y durezas de lima mayores. También la mayor dureza del acero o de la fundición ayudan en ese sentido.

La tabla indicadora da valores orientativos de rugosidad obtenible.

Para granos "gruesos" menores a #220 es usual el AlOx, mientras que para granos más finos se usa el CSi.

La liga bakelita sirve tanto para desbaste como para terminación muy fina.

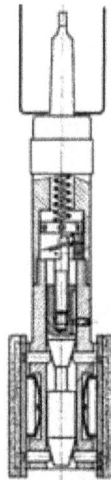

tipo mecánico

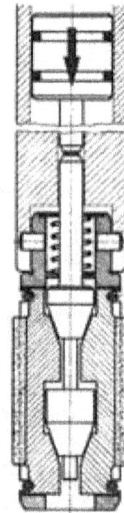

tipo hidráulico

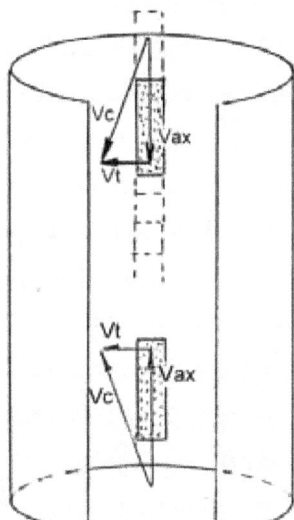

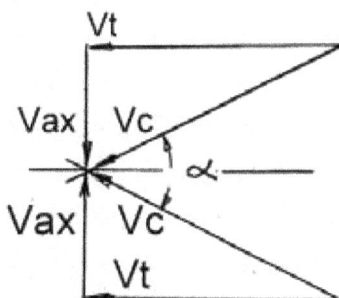

Si Vt = 2 Vax

tg $\alpha/2$ = Vax / Vt = 0,5

$\alpha/2$ = 26° α = 52°

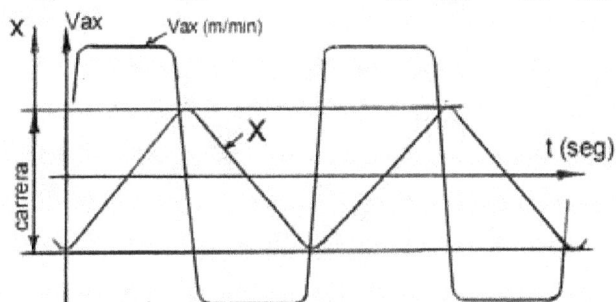

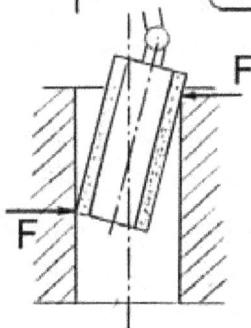

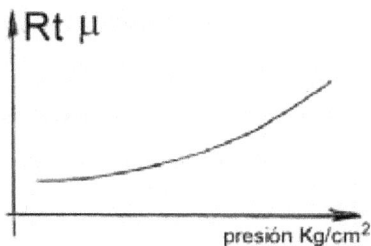

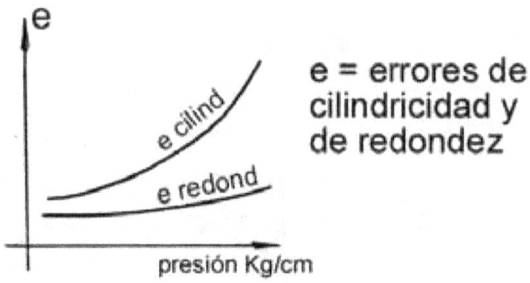

e = errores de cilindricidad y de redondez

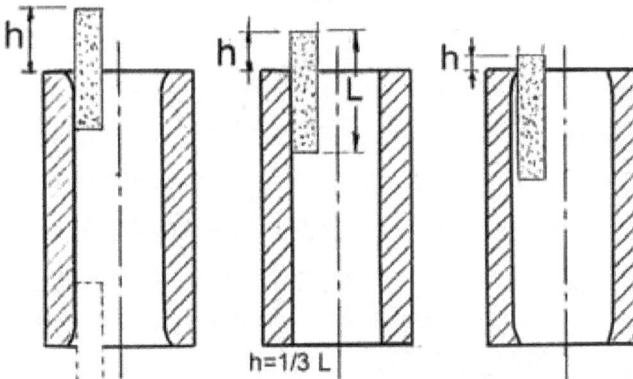

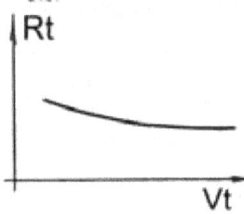

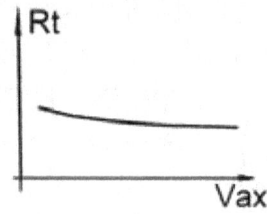

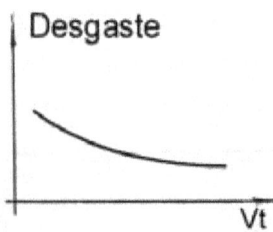

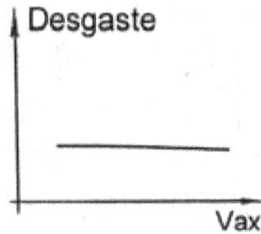

La refrigeración (y lubricación) viene condicionada por la poca presión de contacto y la poca generación de calor. En cambio, es importante la necesidad de evacuar fácilmente la viruta desprendida, por lo que se usan aceites minerales con aditivos o kerosén en una mezcla adecuada. En el cuadro adjunto se indican tipos de lubricantes adecuados en función de la tendencia de los materiales a formar virutas largas o cortas. Una excelente mejora en la terminación superficial se logra con la impregnación de azufre.

Poco viscoso		Muy viscoso
Kerosén	← Líquido refrigerante →	Aceite
Viruta corta		Viruta larga
Acero templado, fundición		Hierro, aluminio

Rango de variación de las velocidades (expresadas en m/min).
V_t = 10 a 40 m/min
V_{ax} = 5 a 20
V_c = 11 a 45 (velocidad de corte)
Las velocidades crecientes en el siguiente orden:
Acero templado → Fund. gris → Hierro → Aluminio

Rugosidad R_t obtenible en función del tamaño del grano y durezas aproximadas de la lima abrasiva en AlOx, y liga V (vitrif.) ó B (bakelita)

	Dureza lima	Tamaño grano	Fundición Fe 180 HB	Acero 50 HRc
Fino ——— desbaste	N a P	#80	(V) 10μ	(V) 10μ (B) 9μ
	M a O	#120	(V) 8μ	(V) 8μ (B) 7μ
	L a N	#150	(V) 6μ	(V) 5μ (B) 5μ
	K a M	#220	(V) 5μ (B) 3μ	(V) 4μ (B) 3μ
	J a L	#400	(V) 3μ (B) 2μ	(V) 3μ (B) 1μ

Estructura normal 5 para vitrificado y dureza un punto mayor para bakelita con estructura normal 4.

Tallado del vidrio

Para el tallado del vidrio, como ser los ornamentos de cristalería o los
bordes de vidrios, es común el uso de ruedas angostas llamadas en
nuestro medio "discos serrucho".

Estas ruedas rectas de diámetro que va de ϕ =350 mm hasta
ϕ =450 mm, tienen espesores habituales de entre 9 y 16 mm.

Llevan un buje grueso de plomo para ser enroscado en el husillo de la
máquina y se trabajan a muy baja velocidad, no mayor a 15 m/seg,
acompañando la operación con un goteo de agua.

La operación de tallado es manual, guiando la pieza sobre el canto
perfilado de la rueda.

Se utilizan ruedas de liga
cerámica y más
comúnmente liga bakelita,
diferenciándose la
operación de tallado
propiamente dicha -en la
cual se usa CSi negro para
lograr un buen
desprendimiento del
material–, de la operación
de pulido –en la cual se busca la brillantez por medio del abrasivo
Alox–. Este último tiende a redondearse por desgaste contra el vidrio,
lo que favorece el efecto del pulido.

Dada la baja velocidad de trabajo, estas máquinas operan sin cubierta
protectora como caso excepcional.

Recomendaciones orientadoras para tallado del vidrio:	
Para tallado en desbaste	CN 46 / 80 R Bak
	CN 60 / 80 O Vitr
Para acabado fino	AA 220 N 5 Vitr
	AM 120 M 5 Vitr
Achaflanado de cantos	CN 100 L 5 Vitr
	AA 180 N 5 Vitr

2. Repasado o rectificado manual

*Esta sección se refiere a las operaciones de **asentamiento** que se pueden realizar manualmente sobre los filos terminados de las herramientas que fueron oportunamente rectificadas o reafiladas, y también a las operaciones de **reacondicionado de las muelas abrasivas** que van sufriendo desgaste y deformaciones durante su trabajo.*
Al primer caso corresponden las limas, los panes y las chairas.
Al segundo caso corresponden, aparte de algunas limas y panes, otras herramientas de diseño especial.

Panes, limas y chairas
Después del afilado de las superficies de corte de una herramienta, se requiere el asentado de las caras y de los filos, para lograr un mejor rendimiento de corte.
En las herramientas de acero rápido se retocan los planos de las caras cortantes, ya sea la incidencia o el ataque, según el tipo de herramienta, con panes o limas de corindón (Alox), y en las herramientas de metal duro (Widia) conviene matar el filo a 45° dejando una faceta de 0,1 mm con limas de CSi, para evitar el desmoronamiento del mismo durante el proceso de desbaste.

Algunas recomendaciones:
Siempre conviene lubricar con agua, kerosén o aceite.
En machos de roscar, escariadores, etc., asentar las caras de las ranuras (ataque) para evitar la variación de diámetro de la herramienta
En cuchillas, formones, etc., se debe asentar la cara de incidencia (no tocar el plano de ataque) manteniendo el ángulo de punta. Se frota con movimiento circular sobre un pan doble faz.
Las limas, con sus diversas formas, permiten trabajar los filos de herramientas múltiples (por ejemplo, fresas) entrando en los intersticios de los dientes.
Los panes doble faz pueden ser utilizados para limpiar el plato magnético y mejorar el agarre de las piezas.
Los panes marmoleros también tienen uso metalúrgico para rebabar fundición o acero, para pulir superficies brillantes, etc.

Limas matriceras
standard
#100 medio
#280 fino
150 x 13
150 x 16
CN y AA

Lima perfiladora
CN 30 S 5V
200 x 20 x 20

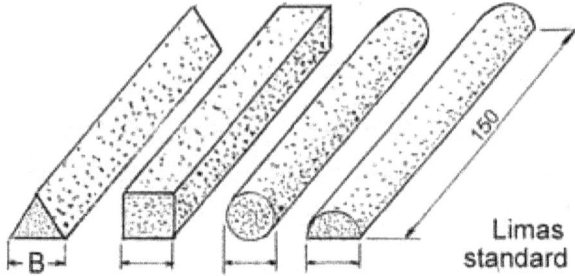

Panes doble faz
#150 / #320
CN ó AA
100 x 25 x 13
150 x 50 x 25

Panes marmoleros
en CN
#24 #30 #60 #120
 #180 #280 vitrif
150 x 50 x 25
 200 x 50 x 25

Chairas en CN y
en Alox común A
(económicas)

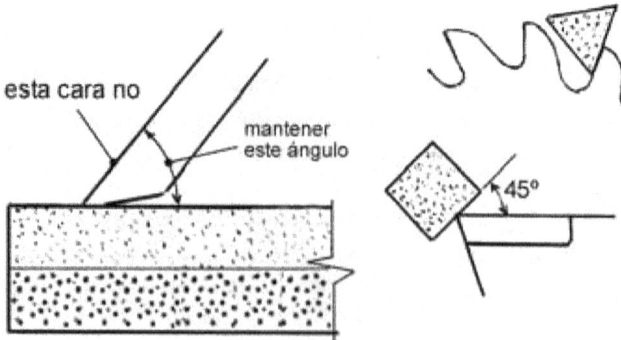

Limas
standard

esta cara no

mantener
este ángulo

45°

Repasado de las muelas

La técnica que se utilice para repasar la rueda abrasiva, a fin de reavivar el poder abrasivo de corte y a la vez devolver la correcta geometría de su perfil, es un factor decisivo para el resultado que se quiera obtener.

La muela abrasiva ideal debería comportarse como "autoafilante", es decir que a medida que los granos abrasivos se van desgastando y consecuentemente redondeando sus aristas cortantes, éstos deben soportar mayores esfuerzos que producen su rotura y desprendimiento, permitiendo así presentar una nueva superficie agresiva.

Pero esta piedra"ideal" no sería económica, puesto que implicaría un desgaste prematuro de la misma. Por lo tanto, lo deseable es que los parámetros de trabajo y las características de la rueda estén balanceados de tal manera que ésta resulte un poco más dura que la supuestamente "ideal" y de esta manera se deba realizar una operación manual o automática de reavivado antes que comience a dar signos de empastamiento o taponado de sus poros perdiendo poder cortante.

Se pueden diferenciar dos aspectos nítidos en el objetivo de reafilar una rueda abrasiva.

a) Reavivado de la superficie ("dressing" en inglés y "aufrauhen" en alemán).

b) Pefilado ("truing" en inglés y "aufrichten" o "profilieren" en alemán).

Obviamente, cuando se produce por algún medio manual el reavivado de la superficie también se está, en cierta medida, perfilando, es decir corrigiendo la geometría como un hecho incidental.

A la inversa, cuando se perfila para lograr restaurar la concentricidad, o la perpendicularidad de caras, o algún perfil especial, también se está coincidentemente realizando un bienvenido reavivado de la superficie de trabajo.

Las herramientas y dispositivos que se disponen permiten realizar adecuadamente uno u otro propósito.

Para lograr precisión se debe recurrir al uso de herramientas diamantadas, las que son tratadas en la Parte III.

Panes o limas de CSi: se operan a mano; permiten reavivar la superficie pero no logran precisión en el perfilado.

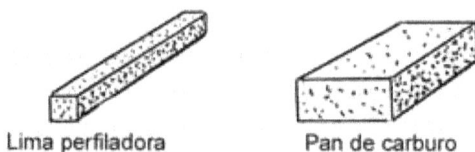

Lima perfiladora   Pan de carburo

Soporte con estrellitas metálicas, tipo "huttington": es muy usual y presenta las mismas limitaciones que el caso anterior. Es de uso manual. Los discos metálicos intercambiables se denominan ruletas. De allí que también se habla de "ruleteado".

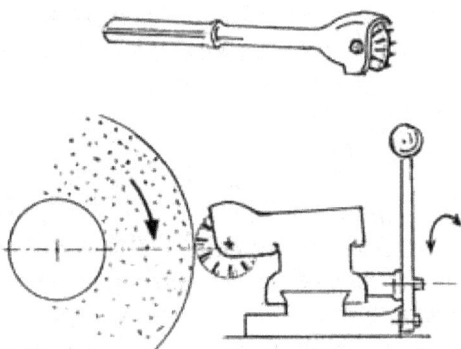

Soporte mecánico con discos ruleteadores sobre base firme guiada en la máquina: al estar las ruedas guiadas firmemente por el soporte, se logra un muy buen perfilado. Lógicamente, sólo pueden actuar sobre superficies rectas.

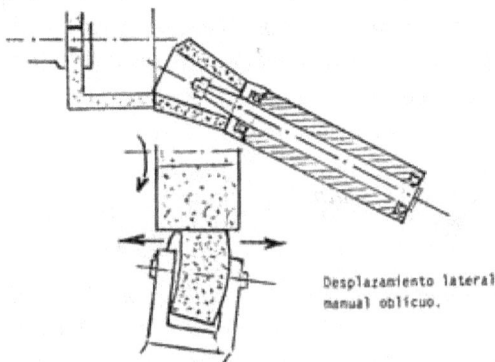

Desplazamiento lateral manual oblicuo.

Cono giratorio de CSi: es adecuado para trabajos delicados, por su acción suave; por ejemplo se las utiliza para copas de pared fina o ruedas muy delicadas. Obviamente, sólo permiten trabajar superficies sin formas curvas.

Rodillos de CSi con soporte manual: giran libremente y acompañan el movimiento de la rueda, debiéndoselos sostener oblicuamente para lograr el efecto deseado. Dejan una superficie muy suave y se usan para ruedas de gran diámetro, permitiendo trabajar únicamente superficies cilíndricas.

3. Amolado de desbaste

Desbaste en máquinas fijas, semifijas o portátiles
Se aplica sobre piezas que fueron producidas por procesos de
fundición, forjado, soldadura, laminación en caliente, etc.; es decir,
donde no hubo un mecanizado previo y quedaron rebabas, costuras,
montantes o fallas superficiales que deben ser removidas.
Interesa, en primer término, lograr una gran cantidad de material
removido sin reparar tanto en la calidad de la terminación superficial.
Podemos agrupar las siguientes modalidades de operaciones de
desbaste según el tipo de máquina que se usa:

a) Desbaste general en amoladora de pedestal.
b) Desbaste con máquinas portátiles.
c) Desbaste con máquinas suspendidas (semifijas).

En todos los casos interesa procurar que la relación material removido
(A) contra el material abrasivo consumido (B), que se indica como
parámetro Q = A / B, sea lo más alta posible.
Las limitaciones se encuentran dadas por exigencias como, por
ejemplo, que la superficie no se queme, que no se supere cierta
rugosidad superficial, etc., para lo cual se eligen tipos de granos
abrasivos, dureza y estructura adecuados.

Recomendaciones orientadoras:

Para hierros en general
   A 24 R 5 V ;   A 36 Q 5 V ;   A 16 R 4B

Para metal duro
   CV 60 J 7 V ;   CV 46 K 7V

Para fundición
   CN 30 R 5V ;   CN 24 R 4B

Para aceros fundidos
   A 30 P 5V

Para aluminio o cobre
   CN 24 N 5V impreg.

En general se trabaja en seco, y debemos recordar que a igualdad de
tamaño de grano, las ruedas más blandas trabajan más rápidamente,
mejorando la eficiencia de costo laboral, pero también se consumen
más rápido y dejan superficies más rugosas.
La dureza se ve limitada por la tendencia a quemar la superficie y por
la falta de presión (esto último lleva al embotamiento de la superficie
abrasiva).
Algunas especificaciones habituales se indican en los cuadros adjuntos.

Se trabaja con amoladoras de pedestal si las piezas no son muy grandes
como para poder manipularlas apretándolas contra la piedra.
Se usan ruedas de tamaños que van desde $\Phi = 150$ mm a $\Phi = 440$ mm.
Estas máquinas deben estar provistas de una buena y robusta cubierta
protectora, con la platina de apoyo adecuadamente regulada cerca de
la piedra, para evitar el trabado de una pieza chica en el intersticio.
Con máquinas manuales, ya sean amoladoras angulares o de eje
flexible, cuando la pieza es movible se puede acceder a las distintas
zonas de trabajo para eliminar rebabas, cordones de soldadura, etc.
A estas máquinas jamás deben quitárseles las cubiertas protectoras, y
especialmente en las angulares debe cuidarse que el diseño del asiento
del disco coincida con la depresión del disco de modo tal que no se
descogote al apretar la tuerca (en los diseños con cazuela de apoyo).

Discos de centro deprimido
A 30 R standard para
aceros en general,
C 30 para pétreos o fundición

Rueda recta tipo 1 portátil
A 24 R 4B

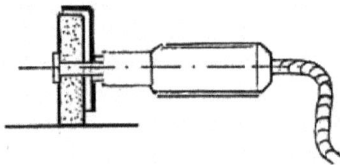

mínimo 30°

Si se hace inevitable trabajar sin carcasa por un problema de acceso a la zona de trabajo (máquinas de eje flexible), entonces debe recurrirse a ruedas de bakelita con refuerzo y/o tipo 4 conificada a ambos lados, y con bridas lo más grandes posibles, no menores a la mitad del diámetro de la rueda.

Con máquinas semifijas colgantes tipo Schlüter, para piezas grandes en fundiciones y acerías, se usan ruedas de bakelita a 45 m/s, las que con ligas y refuerzos especiales también pueden trabajar a 60 m/s y hasta 80 m/s con ruedas paquete reforzadas con telas de fibra de vidrio.

Las medidas usuales van de $\phi = 400$ mm a $\phi = 600$ mm.

Dado el gran desprendimiento de virutas calientes, es imprescindible que el operador de los procesos antes mencionados utilice anteojos de seguridad.

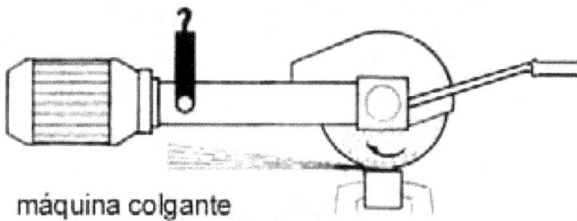

máquina colgante

Rueda standard: A 16 R 4 Bak para 45 m/s, o especiales para 60 m/s.

Desbaste y pulido del mármol y otros materiales pétreos
Los materiales pétreos involucran diversas variedades, como ser
mármol, granito, hormigón, refractarios, mosaicos, etc. En todos los
casos se usa como grano abrasivo el CSi negro.
Tanto para desbastar como para terminación, se pueden usar, según el
tipo de máquina:

- *Discos de centro deprimido.*
- *Copas cónicas o rectas.*
- *Anillos.*
- *Ruedas tipo 1 o tipo 5 (con escote).*
- *Segmentos o panes marmoleros.*

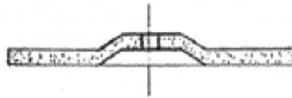

Disco de centro deprimido

C 120 P
C 30 Q

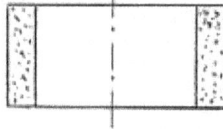

Anillo tipo 2

CN 30 a 46 J 5V

Con los discos en granos
gruesos se desbasta; y para
operaciones de refilado de
bordes, por ejemplo, se usan
granos finos.
Con copas y anillos de liga
vitrificada, en máquinas
estacionarias, se puede
rectificar plano. Mientras
que con máquinas manuales
portátiles y con liga bakelita
se pude desbastar y
terminar.
Con ruedas rectas en
máquinas estacionarias se
pude rectificar plano y/o
ranurar.

Ruedas con escote
CN 20 a 36 G a L 5V

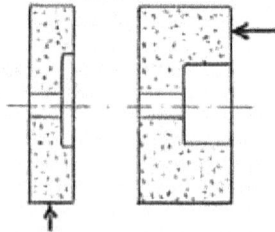

CN 24 T 5V
30 S
60 Q
120 P
180 P
280 P

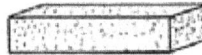

Panes marmoleros

Con panes marmoleros utilizados para el pulido de mosaicos, se puede
desbastar y terminar fino, siendo la liga vitrificada y las durezas altas.

4. Tronzado con discos de corte

El tronzado o corte con discos abrasivos ha ganado un lugar preponderante en muchísimas aplicaciones –como ser corte de tubos, barras, perfiles de construcción, vigas de hormigón, productos metalúrgicos de laminación en caliente, materiales no ferrosos, pétreos, vidrio, etc.–, debido principalmente a su rapidez de operación, acorde con los mayores costos laborales, y también porque permite cortar materiales de alta dureza donde las sierras de acero fracasan. Podemos definir dos tipos generales de tronzado:
a) con máquinas portátiles, amoladoras angulares, pendulares u otras similares;
b) con máquinas estacionarias.

Con las del primer tipo se usan discos planos y de centro deprimido, con medidas que van de $\phi = 100$ mm hasta $\phi = 230$ y discos de hasta $\phi = 300$ mm en máquinas portátiles para cortar rieles. Las máquinas del tipo colgante pendular serían una clase intermedia que permite usar discos grandes, de hasta $\phi = 600$ mm. Todas ellas permiten trabajar sobre piezas grandes que por su tamaño no pueden ser movidas del lugar.

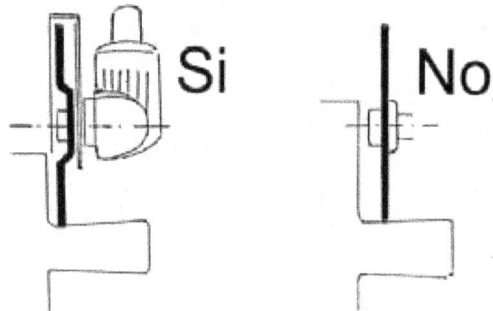

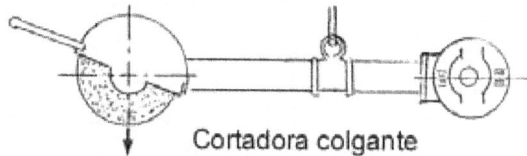

Operación de tronzado con amoladora angular

Si   No

Cortadora colgante

El centro deprimido permite trabajar además contra superficies laterales sin estorbar la tuerca de fijación del disco.

Cuando las piezas a tronzar permiten, por su tamaño o diseño, ser colocadas sobre la máquina, ésta se diseña como estacionaria, siendo en general aptas para usar discos de gran diámetro, por ejemplo de $\phi = 250$ mm hasta $\phi = 1.200$ mm.

Todas las máquinas de uso manual deben ser usadas con discos reforzados, siendo las telas de fibra de vidrio las que permiten trabajar a velocidades de corte de hasta 80 m/s.

Hasta $\phi = 230$ mm el espesor mínimo es de 3,2 mm (1/8"), y para diámetros mayores el espesor nunca puede ser menor a 1% del diámetro. Ejemplo: para un disco de $\phi = 400$ mm, el espesor mínimo debe ser 4 mm.

Las máquinas de tipo estacionario permiten usar discos de hasta 1 m de diámetro, con sistemas de avance diversos, tal como se indica en las figuras ilustrativas.

La disposición más común para discos hasta $\phi = 500$ mm es la basculante o pivotante ("chopstroke" en inglés y "Kappschnitt" en alemán).

Las oscilantes permiten mejorar notablemente el rendimiento de corte, pero se trata de máquinas especiales ("oscilating" en inglés y "schwingschnitt" en alemán).

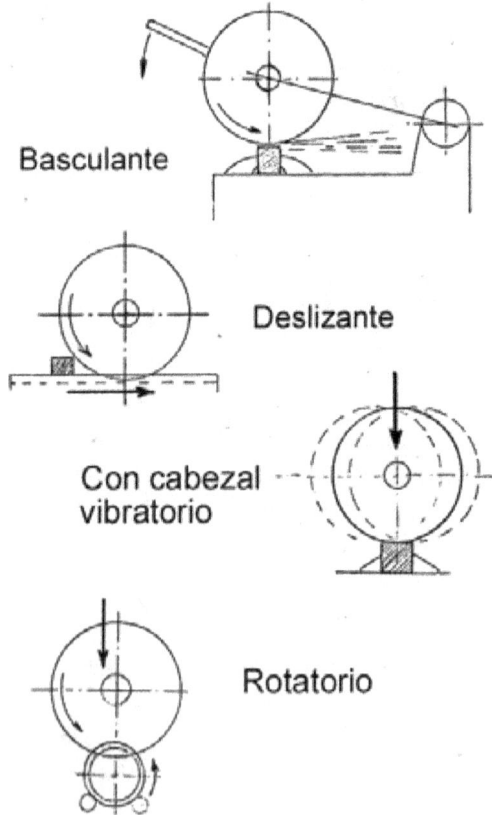

Basculante

Deslizante

Con cabezal vibratorio

Rotatorio

Este principio de oscilación también es utilizado en cabezales vibratorios especiales sobre máquinas pivotantes, como es el caso de la tipo "Vibracut" de Carborundum, que trabaja con discos de $\phi = 500$ mm.

Para hacer ranuras o cortes de piezas chatas, se puede recurrir al desplazamiento horizontal ("Fahrschnitt" en alemán).

Para tubos de gran diámetro la mejor solución la brinda el sistema rotatorio.

En cualquiera de los sistemas presentados la dimensión de la pieza a tronzar queda limitada por la corona libre entre ϕ inicial del disco y ϕ de las bridas, las cuales nunca deben ser menores a 1/3 del disco nuevo, y además por la potencia disponible del motor de la máquina, que determina el arco de ataque máximo posible.

Si bien en general se utilizan discos reforzados, debido a la posibilidad de diseñar una cubierta protectora muy robusta también a veces se usan discos sin refuerzo o con una sola tela al medio, puesto que la eventual rotura no representa ningún peligro para el operador.

Salvo el caso de las "sensitivas" pensadas para motores pequeños, en general la potencia no debe ser escasa, favoreciendo al corte un exceso de potencia.

Rendimiento del corte

Para el análisis que sigue supondremos el corte de barras macizas donde el arco de ataque máximo coincide con el diámetro de la barra, y la velocidad de ataque (de tronzado) viene dada por $Vt = \phi$ barra / t, con t = tiempo de corte.

A fin de cuantificar el rendimiento se define el parámetro $G = A / S$, siendo A = n x Ai sección total tronzada con n = número de cortes realizados y Ai sección de la barra.

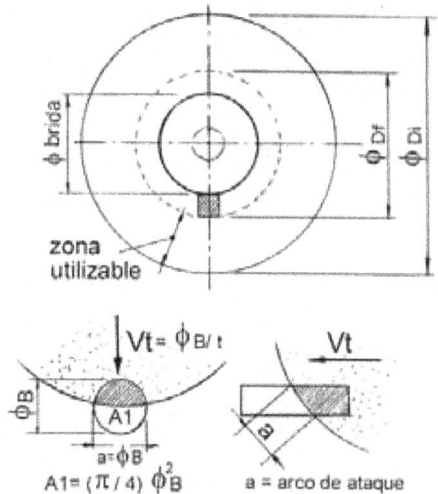

zona utilizable

$Vt = \phi_{B/t}$

$a = \phi_B$

$A1 = (\pi / 4)\, \phi_B^2$

Vt

a = arco de ataque

La sección gastada de disco viene dada por

$S = (3,14 \div 4) \, (\phi i^2 - \phi f^2)$

La experiencia demuestra que este valor G para un cierto diámetro de pieza depende fuertemente de la velocidad de ataque y por consiguiente del tiempo (t) que se hace durar el corte.

Como se ve en el gráfico adjunto hay una zona óptima y de aquí surgen valores recomendados para Vt. Se observa en el mismo gráfico que si se pretende trabajar con excesiva rapidez, con valores de tiempo de corte (t) muy bajos (mientras la potencia de la máquina lo permita) el parámetro G resulta bajo.

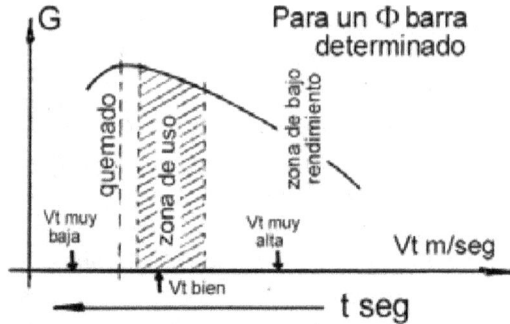

Por el otro lado, si se demora mucho el corte, disminuyendo la velocidad de corte y aumentando el tiempo de corte, se recalienta el disco por fricción, no se desgrana y se quema.

La zona ideal es la cercana al máximo G sin llegar peligrosamente al quemado como se indicada con el sombreado.

Queda entonces establecido para cada diámetro diferente de barra un G óptimo y una velocidad de ataque Vt en concordancia.

Si ahora queremos analizar las variables G y Vt en función de los diferentes tamaños de barra, surgen los dos siguientes gráficos de G óptimo y de velocidad de corte(Vt).

Vemos de ellos que trabajando con diversos diámetros ΦB y en cada caso con la velocidad óptima Vt, el G máximo obtenible disminuye al aumentar la sección de corte. Además, con aceros blandos y tenaces se hace más difícil el corte, lográndose mejores rendimientos con aceros endurecidos.

Por otra parte, el valor de G decae a medida que se va gastando el disco, por lo que en definitiva interesa un valor G promedio que sirve solamente a efectos comparativos.

A los efectos de determinar la velocidad de ataque Vt óptima , valor que luego será necesario conocer para el cálculo de la potencia requerida, se pueden dar valores orientadores que dependen de la sección de corte tal como se indica en el gráfico adjunto.
Observamos valores recomendados para Vt que van de 0,4 cm/s en barras de $\Phi = 50$ mm a 1,5 cm/s. para barras de $\Phi = 10$mm.

Ejemplo: se tronza una barra de hierro de construcción $\Phi = 30$ mm con disco de 14"
Φiniicial = 350mm
y Φfinal =210mm
bridas de $\Phi = 140$mm
Desgaste
$S = 3,14 (35^2 - 21^2) / 4 = = 615$ cm^2
Área tronzada por barra =
$= 3,14 \times 3^2$ cm^2/4 = 7cm^2.
Cada corte tarda un poco menos de 4seg lo que indica una velocidad de corte Vt = 3cm /4 seg = =0,75 cm/s $\to$ 0,8cm/s .
Según el gráfico un poco superior a la óptima,
Se logran cortar 165 barras.
Podemos entonces calcular
$G = n A / S = 165 \times 7 /615 =$
$G = 1,88 \cong 1,9$

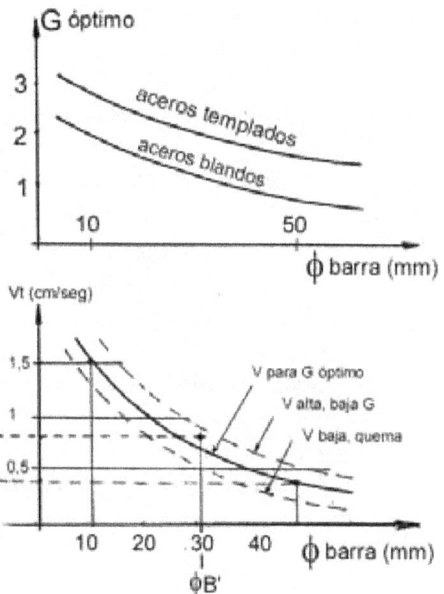

La operación de tronzado significa realizar un gran desprendimiento de viruta por unidad de tiempo y por ello requiere un gran consumo de energía, es decir máquinas de gran potencia.
Si la máquina no tiene potencia suficiente, el disco se frena, no puede realizar el desgrane correspondiente y obliga a trabajar con poca penetración produciéndose su recalentamiento y rotura. Es decir, que "paradójicamente" el disco debe ser accionado con velocidad de ataque suficiente para lograr el autoafilado espontáneo y para ello hay que apretar con decisión y fuerza, y la máquina debe tener suficientes caballos disponibles para no frenarse.

Potencia
Para máquinas de corte con discos de corte de Φ 300 mm a Φ 500 mm
reforzados con dos telas y granos gruesos para lograr el máximo
rendimiento del abrasivo, la fórmula empírica aconsejada para el
cálculo de potencia en HP es:
P (HP) = 0,15 x Vs (m/s) x Vt (cm/s) x φ (cm) x b (cm),
siendo:
Vs: velocidad de corte del disco en m/seg;
Vt: velocidad de ataque en cm/s;
Φ: diámetro de la barra en cm;
B: espesor del disco cm.

El coeficiente 0,15 puede ser menor si se usan granos finos; por
ejemplo, para 46 a 60 puede tomarse un coeficiente de valor 0,12.
La industria japonesa desarrolló un tipo de máquina pequeña
denominada "sensitiva", que llama la atención por su baja potencia,
con el motor montado directamente sobre el eje y el consecuente bajo
costo.
Acá se juega con varios factores para lograr el corte eficaz:
1. Vs de corte menor 60 m/s;
2. discos de grano más fino, coeficiente 0,12;
3. discos de menor espesor y una sola tela;
4. Vt de ataque menor.
Los dos ejemplos del cuadro permiten apreciar el uso de esta fórmula
para el cálculo de la potencia necesaria:

Ejemplo 1:
Disco 400 mm; esp. = 4,5 mm standard; barra Φ = 35 mm.
Veloc. de corte Vs = 80 m/s; veloc. de ataque Vt = 0,75 cm/s.
Tiempo de corte 3,5/0,75 = 4,7 seg = 5 seg.
P(HP) = 0,15 x 80 x 0,75 x 3,5 x 0,45 = 14,17; aprox. 15 HP.
Rpm = 19.108 x 80 / 400 = 3.822.

Ejemplo 2:
Disco 350 mm; esp = 3 mm sensitivo; barra Φ = 30 mm.
Veloc. de corte 60 m/s; veloc. de ataque Vt = 0,6 cm/seg.
Tiempo de corte 3/0,6 = 5 seg.
P(HP) = 0,12 x 60 x 0,6 x 3 x 0,3 = 3,89; aprox. 4 HP.
Rpm = 19.108 x 60 / 350 = 3.275.

Recomendaciones generales
Para lograr un buen rendimiento y calidad de corte deben darse algunas condiciones básicas:

1. Potencia suficiente.
2. Brida de ⏀ mínimo 1/3 del diámetro del disco para evitar el flameo o vibración lateral
3. Corte perpendicular a la cara de ataque.
4. Profundidad de corte máxima: 10 a 12 veces el espesor del disco.
5. Corte suficientemente rápido para evitar recalentamiento y rotura del disco.
6. Fijación de la pieza firme y segura.
7. Para secciones de corte pequeñas (perfiles y tubos) usar discos duros; y para macizos usar discos blandos.
8. Para piezas delgadas atacar por el lado de menor ancho. En el caso de caños, acelerar el pasaje por la zona de mayor arco de contacto.
9. Para corte frío, sin rebabas ni manchas de quemado o recalentamiento, usar discos con liga especial.
10. Para mayor rendimiento usar granos gruesos.
11. Usar Alox para aceros y fundición gris.
12. Usar CSi para fundición blanca, bronce, aluminio, aceros inoxidables y materiales pétreos.
13. En el caso de corte húmedo (si se puede, es beneficioso), usar agua para refrigerar y no buscar el efecto de lubricación.
14. Si la velocidad de corte disminuye por reducción del diámetro del disco, el corte se comporta como más blando y por lo tanto se desgasta más rápidamente. Conviene reducir la Vt de ataque, y viceversa.
15. Si el disco tiende a embotarse conviene reavivar el filo cortando piezas de pared delgada (perfiles).
16. Usar siempre máquinas con cubierta protectora. La eventual rotura de un disco no debe significar peligro de accidente.
17. Para velocidad de corte Vs = mayor de 60 m/s, usar discos reforzados con fibra de vidrio.

APLICACIÓN DE DISCOS REFORZADOS
Ø = 250 a Ø = 400 PARA ACEROS EN GENERAL

Caños de pared fina	A 36 S ó R	
Caños y perfiles medianos	A 36 o 30 P	
Macizos y caños gruesos	A 30 N	Mayor sección de corte y disco más blando

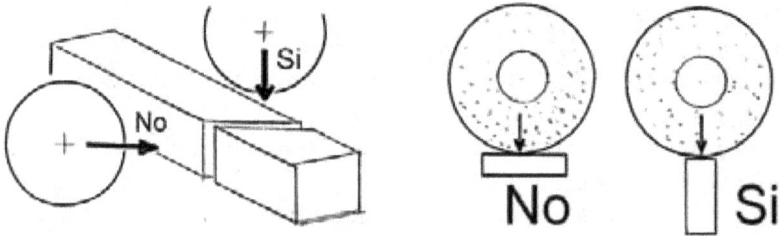

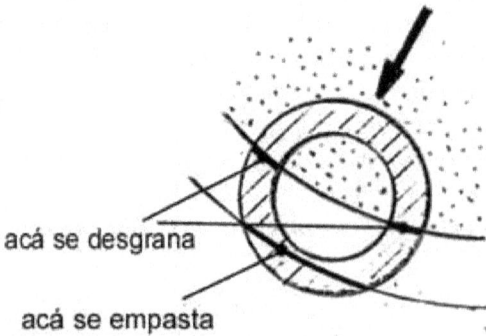

acá se desgrana

acá se empasta

III: Fundamentos y complementos

Parámetros de rectificado
Elección de la característica adecuada
Herramientas diamantadas y CBN
Rugosidad
Repasado de las muelas
Refrigerantes
Rendimientos y costos
Fijación de las muelas
Seguridad y almacenaje

Der Schleiffer.
Kühlt der erhitzten Mut, in tiefer Liebe Glut.

El afilador

Der Stein der hartes Eisen schleiffet,
Verzehrt sich selber mit der Zeit

La piedra que al duro hierro puede desgastar,
el consumirse a sí misma con el tiempo no puede evitar.

Así como el artista del siglo XVI que acompañó con sus versos este grabado de la incipiente tecnología del amolado, también imaginó a la dura piedra desgastándose, resulta que hoy día la moderna investigación del proceso de rectificado con piedras aglutinadas artificialmente, analiza este proceso cuidadosamente, con la siguiente descripción que rige las diferentes operaciones de rectificado, o más ampliamente llamadas de amolado.

Con pocas presiones en juego se produce el desgaste de cada grano abrasivo con la consiguiente pérdida de su forma angulosa y agresiva original, por un mecanismo de abrasión mecánica, corrosión química y difusión térmica, llamado espejado.

A medida que se logra un mayor desprendimiento de viruta, o sea mayor trabajo, por medio de mayores presiones en juego tiende a producirse un quebrado del grano que consiste en microfisuras y consecuentes microdesprendimientos.

Luego, aumentando las exigencias pasa a desprendimientos mayores de trozos de grano, en los cuales el ataque térmico y mecánico a la liga es determinante.

Por último, puede llegarse a la pérdida total de los granos abrasivos con rápido desgaste.

Entre ambos extremos se halla la posición óptima deseable que logra el mejor aprovechamiento del abrasivo, como resultado de un delicado equilibrio entre la dureza/tenacidad del grano y la resistencia de la liga por medio de las fuerzas en juego.

En los próximos apartados se analizan diversos parámetros de trabajo y su influencia en este proceso de desgaste y renovación.

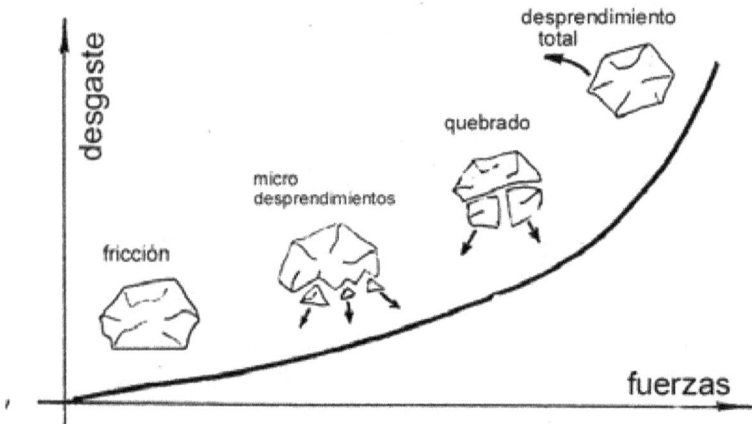

1. La generación de viruta

El proceso de corte queda definido por la geometría que resulta en la zona de contacto entre cada punta de un grano y el material.

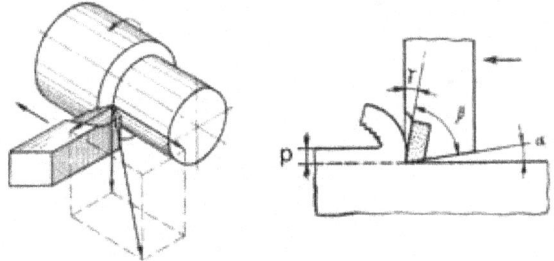

Con herramientas de geometría definida (torno, fresa, cepilladora, etc.) se definen con precisión los ángulos de incidencia (α) y de ataque (γ), los cuales encuentran sus equivalentes en las caras de ataque e incidencia que va formando cada grano a medida que se desgasta o perfila.

Pero además se presenta una superficie de contacto en la cual el rozamiento genera calor.

Vemos que en las herramientas geométricas los ángulos están cuidadosamente conformados, la superficie de rozamiento limitada, y la viruta se desprende por deformación plástica y fundamentalmente por corte, transportando buena parte del calor generado. En cambio, en el grano abrasivo el ángulo de ataque resulta negativo, por lo cual el proceso de arranque de viruta es resultado de un aplastamiento y desgarro que genera muchísimo calor en la zona de contacto.

Con esta conformación tan desfavorable, las fuerzas necesarias para desprender una cierta cantidad de material resultan muchísimo más grandes que en las herramientas de geometría, con lo cual también el calor generado es relativamente mayor. Por este motivo es tan aconsejable el uso de lubricantes-refrigerantes.

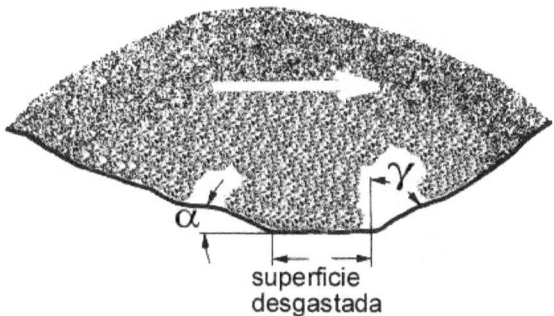

superficie
desgastada

Por ejemplo, en metal duro no se aconseja refrigerante porque la viruta al rojo es más blanda y fácil de cortar y transporta mucho calor o sea parte de la energía en de corte utilizada.

En el grano la fuente de calor no se encuentra en la viruta misma sino en la zona de contacto con la pieza y la disipación de energía se produce por los siguientes caminos:

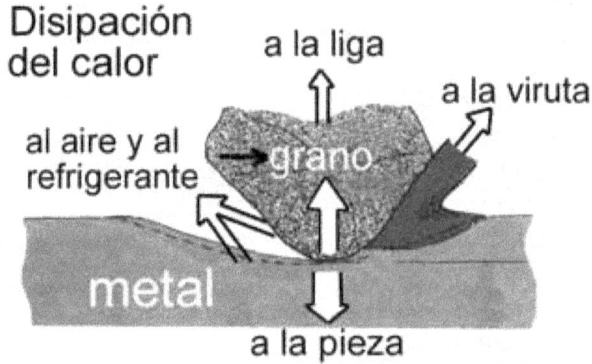

Disipación del calor

a la liga

a la viruta

al aire y al refrigerante

grano

metal

a la pieza

1. la mayor parte se traslada a la pieza, lo que puede ocasionar alteraciones metalográficas;
2. también al aire y al refrigerante líquido;
3. a la viruta –que la aleja inmediatamente–;
4. al grano mismo, y de allí a la masa de abrasivo.

Para completar el cuadro debemos tener en cuenta que en realidad siempre actúan muchos granos simultáneamente, y la velocidad relativa de corte resulta de Vs contra Vt (m/s contra m/min).
En iguales unidades, Vs es de orden superior a Vt, por eso Vt puede ser coincidente o contrario.

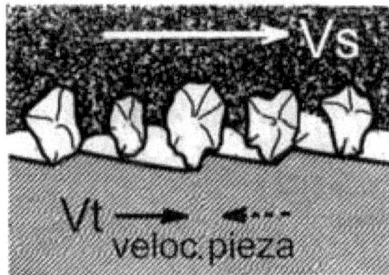

Velocidad de corte

V_s

$V_t \longrightarrow$ veloc. pieza

La separación media entre granos y la penetración definen un tipo de viruta larga y de espesor (e) variable según los parámetros de Vt y Vs, tal como se verá a continuación.

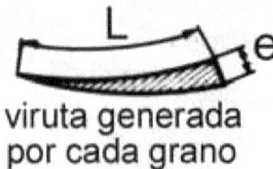

L

e

viruta generada por cada grano

2. Parámetros del rectificado

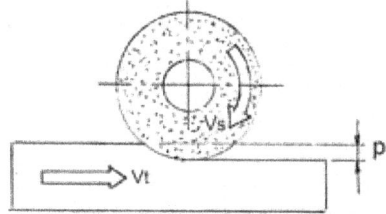

Para analizar las distintas variables que intervienen en la operación de rectificado, consideraremos una operación de **rectificado plano periférico** *en la cual definimos los siguientes términos:*
Vs: velocidad periférica de la rueda;
Vt: velocidad de avance del material;
p: profundidad de pasada.

En la práctica, Vs no es regulable sino que ya viene determinada en forma fija por el cabezal de la máquina.
Interesa la relación q = Vs/Vt a efectos de la geometría de formación de la viruta, tal como se muestra en las figuras del arco de contacto.
Se puede ajustar el avance, de manera que, si la relación entre Vs y Vt es alta −o sea, avance relativamente bajo−, se puede usar menor dureza de muela y estructura normal o cerrada; y viceversa.
Con avances relativos altos puede usarse abrasivo más duro con estructura más abierta.
La explicación de esto se debe al tamaño de las virutas que se desprenden, que requieren mayores poros de descarga y que al cargar con mayor fuerza sobre la estructura de la piedra rompen los granos con mayor facilidad.
En forma similar al mayor avance actúa la profundidad de pasada, pudiendo en este caso también usarse grano más grueso.
En el caso de **rectificado cilíndrico** *el parámetro equivalente al avance es la velocidad de trabajo dada por la rotación de la pieza.*
Por lo tanto, resulta como recomendación práctica para el caso de que una rueda abrasiva se comporte como dura o blanda la siguiente regla:

	Si la rueda se comporta:	
Condición de trabajo	muy dura	muy blanda
Velocidad periférica Vs (de la rueda)	disminuir	aumentar
Velocidad de trabajo Vt	aumentar	disminuir
Profundidad p	aumentar	disminuir

Arco de contacto y formación de la viruta:

El grano abrasivo "A" recorre el arco 01 y en ese mismo tiempo, con un avance Vt del material de trabajo (es decir, la pieza), la viruta arrancada será 012. Si ahora se aumenta Vt, el punto 1 penetrará hasta el punto 3, y por consiguiente la viruta desprendida de mayor tamaño será 013.

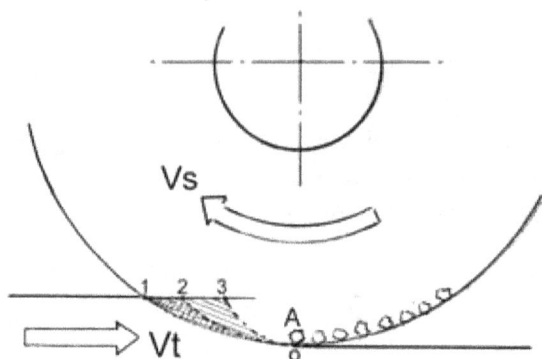

El esquema cinemático representado aquí para el rectificado cilíndrico es equivalente al anterior del rectificado plano, teniendo en cuenta que la velocidad de avance del material viene ahora dada por la velocidad periférica de giro de la pieza.

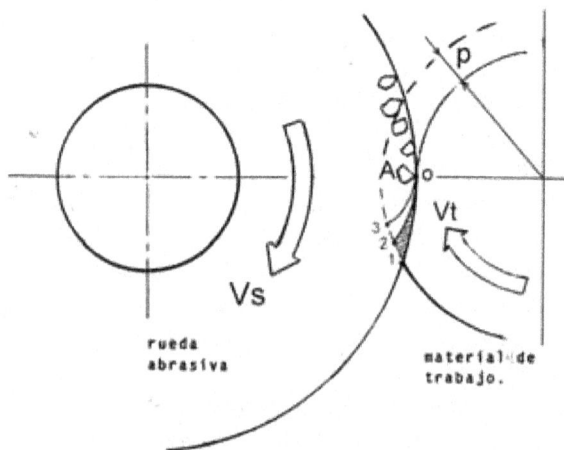

Velocidad periférica de la rueda abrasiva o de la pieza de trabajo:

De la muela V_c m/seg $= \text{rpm} \times \dfrac{\pi \, \Phi\text{rueda}}{60 \times 1.000} = \text{rpm} \times \dfrac{\Phi mm}{19.108}$

De la pieza V_p m/min $= \text{rpm} \times \dfrac{\pi \, \Phi\text{pieza}}{1.000} = \text{rpm} \times \dfrac{\Phi mm}{318,5}$

La velocidad periférica puede modificarse por el desgaste de la rueda, o sea que al disminuir el diámetro se reduce Vs, con lo que comienza a comportarse como más blanda. Si se quiere compensar este efecto deberá reducirse Vt de modo de mantener constante la relación de valores q = Vs / Vt.

Así como el parámetro q tiene influencia en el comportamiento de la rueda, en lo que hace a si empasta, quema, come bien u otros efectos visibles, también tiene un rol importante en la terminación superficial (medida por la rugosidad).

Pero, sobre la rugosidad influye también en forma conjunta el parámetro (u), que se define según el tipo de rectificado, como se explica a continuación. En el rectificado plano se trata del desplazamiento lateral por cada pasada referido al ancho de la rueda.

Denominando (B) al ancho o espesor de la rueda y (s) al desplazamiento lateral por cada pasada, queda definido el cruce (u) como

$$u = B / s.$$

Y en el rectificado cilíndrico se corresponde con el avance de la mesa en el sentido transversal a la rueda, a su vez relacionado con la velocidad de trabajo Vt de la pieza. O sea que (s) equivale a la distancia recorrida en una vuelta de la pieza (esto se denomina comúnmente "avance", pero no debe confundirse con Vt tal como fue definido con precisión anteriormente).

Rectificado plano

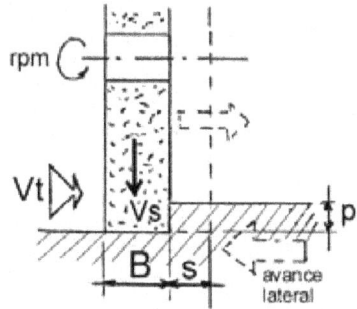

Rectificado cilíndrico

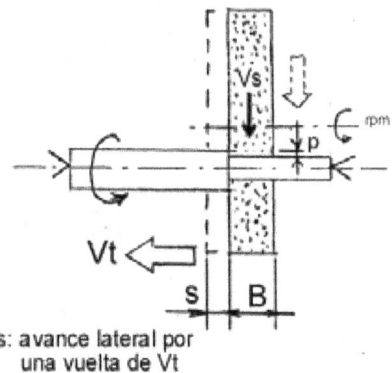

s: avance lateral por una vuelta de Vt

Así definido (s) y con el ancho (B) de la rueda se define, de la misma manera que antes, el cruce o también recubrimiento: u = B / s.

¡Atención! Mucho más importante que el tamaño del grano para una buena terminación superficial, resulta el adecuado manejo de estos parámetros (q), (u) y (p).
En los gráficos se ve su interrelación, pudiéndose decir que a mayor (q) mejor terminación superficial (menor rugosidad).
A mayor (u) y a menor (p) también se logra mejor terminación superficial.

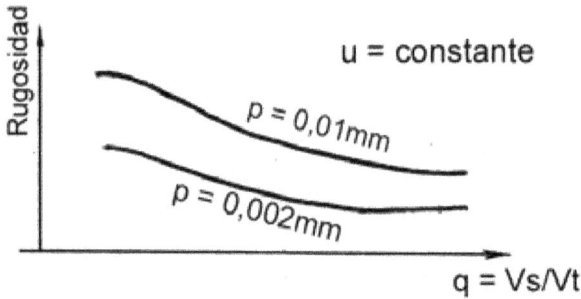

Manteniendo el cruce (u) constante, con una profundidad de pasada (p) determinada y no alterando Vs, al disminuir Vt se logra aumentar el parámetro relativo (q), viéndose en el gráfico cómo mejora la terminación superficial bajando la rugosidad. Obviamente, con valores menores de (p) también mejora.

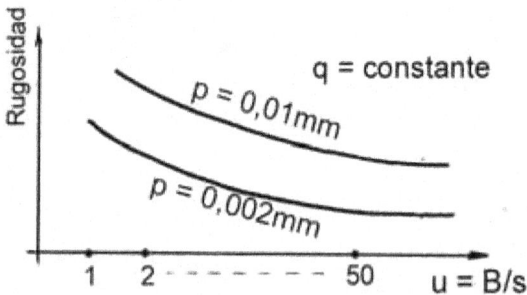

Manteniendo (q) constante y alterando el cruce (u), es decir que para una rueda de ancho B se disminuye (s), se observa el mejoramiento de la terminación superficial al aumentar el cruce.

Cinemática de los diferentes tipos de rectificado
*Además de los parámetros de trabajo vistos, (Vs) (Vt) y (p), que nos sirvieron para hacer un análisis general basado en la forma y el tamaño de la viruta desprendida, y que nos permitieron sacar algunas conclusiones primarias, debemos detenernos a describir con precisión los distintos tipos de **avances** y desplazamientos escalonados (s) que se producen según el tipo de rectificado de que se trate.*
Los términos longitudinal y transversal se refieren a la dirección del avance según la recta o plano de contacto.
En el rectificado cilíndrico se corresponde con el eje de rotación de la muela o de la pieza.
En el rectificado plano con rueda recta de contacto periférico se hace por analogía.
En el rectificado plano con rueda escotada, copa o anillo, con una superficie frontal de contacto, el término longitudinal significa un movimiento dentro del plano, al contrario del movimiento atravesado.
Con rueda recta tenemos únicamente rectificado periférico, mientras que con rueda con escote podemos tener periférico o frontal.
Con anillos o copas podemos hacer únicamente rectificado frontal.
Por razones de sencillez se omiten algunos casos posibles pero poco frecuentes, y se presentan los más comunes, que analizaremos con detenimiento.
El avance longitudinal V genera un desplazamiento S que puede ser continuo en el cilíndrico exterior longitudinal, expresado en mm por vuelta: S x rpm = V av. long, o escalonado a saltos, y con los mm por pasada en el caso del rectificado plano y longitudinal.
En ambos casos también se lo puede expresar como fracción del espesor de la rueda, s / B, o su inversa, u =B / s.
En los ensayos de experimentación que se realizan en secuencia indicada por un tiempo (t) y modificando los diversos parámetros de trabajo, es importante definir el volumen de viruta desprendida por unidad de tiempo y referido a mm de ancho de muela:

$$Q = mm^3 / (mm \times seg) = mm^2 / seg.$$

Los parámetros resultantes que tendremos en cuenta son: la rugosidad, las fuerzas actuantes, la temperatura y el desgaste o pérdida de forma de la rueda.

RECTIFICADO CILÍNDRICO EXTERIOR

Periférico transversal

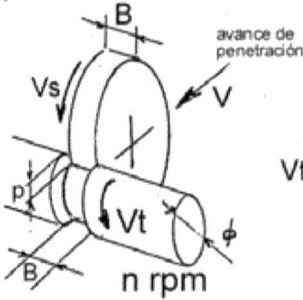

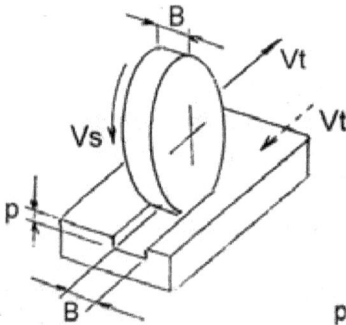

B
avance de penetración
Vs
V
p
Vt
ϕ
B
n rpm

Periférico longitudinal

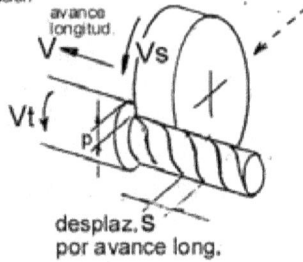

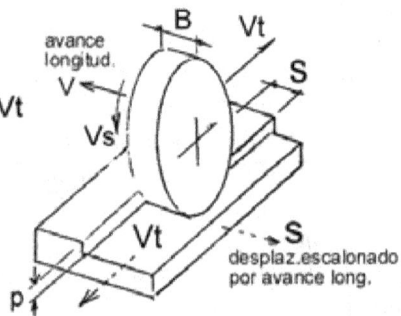

avance longitud.
V
Vs
Vt
p
desplaz. S por avance long.

RECTIFICADO PLANO

Periférico transversal

B
Vt
Vs
Vt
p
B

Periférico longitudinal

avance longitud.
B
Vt
V
S
Vs
Vt
S
desplaz. escalonado por avance long.
p

Frontal transversal

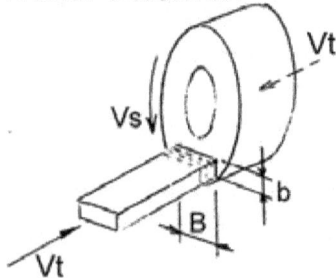

Vt
Vs
b
B
Vt

Frontal longitudinal

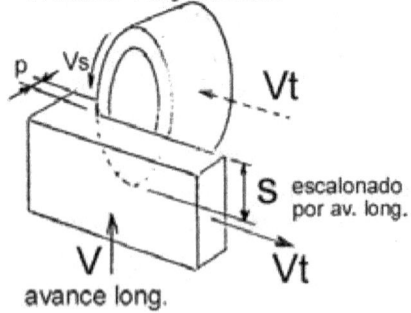

p
Vs
Vt
S escalonado por av. long.
V
Vt
avance long.

Velocidades de corte recomendadas Vs en m/seg						
	Acero blando / templado		Fundición gris / blanca		Widia	Bronce/ aluminio
Plano periférico	25-33		25	33	8-15	20-25
Plano frontal	20-25					
Cilíndrico exterior	35 -45	25-30	25	25	15-20	20-35
Interior	30	20-25	25	25	10-20	15-25
"Centerless"	30	25	25	25	15-25	20-35
Afilado herramientas	15-25				10-45	
Desbaste	30-80		30-45			30-45

Veamos ahora cómo se alteran las características o parámetros resultantes, como ser rugosidad y desgaste de rueda, al variar algunas condiciones de trabajo

Ensayo 1

*Para el rectificado **plano periférico transversal** si, en una serie de ensayos, a partir de un rectificado pendular común con (p) bajo y (Vt) alto, se aumenta la profundidad de pasada (p) y se disminuye el avance (Vt) de modo que se mantenga constante la magnitud Q = p x Vt, encontramos que al aumentar (p) las fuerzas actuantes también aumentan y se transmiten a la máquina, caso característico del rectificado profundo. Las virutas son largas y la temperatura generada aumenta, por lo que se requiere una estructura muy porosa.*

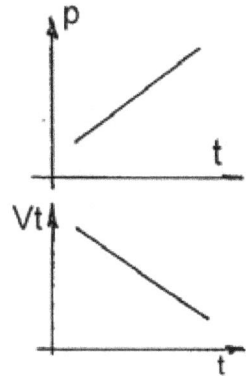

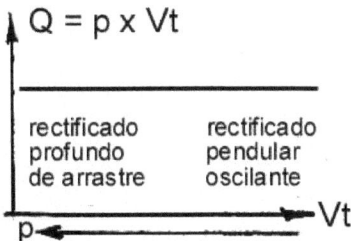

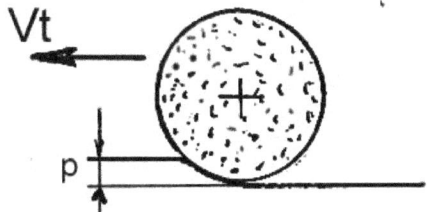

Las virutas largas pero de sección más fina permiten obtener una mejor terminación superficial. El desgaste de forma de la rueda también mejora.

En estas propiedades se basa el principio del rectificado plano de formas profundo, donde con una sola pasada se conforma el perfil requerido.

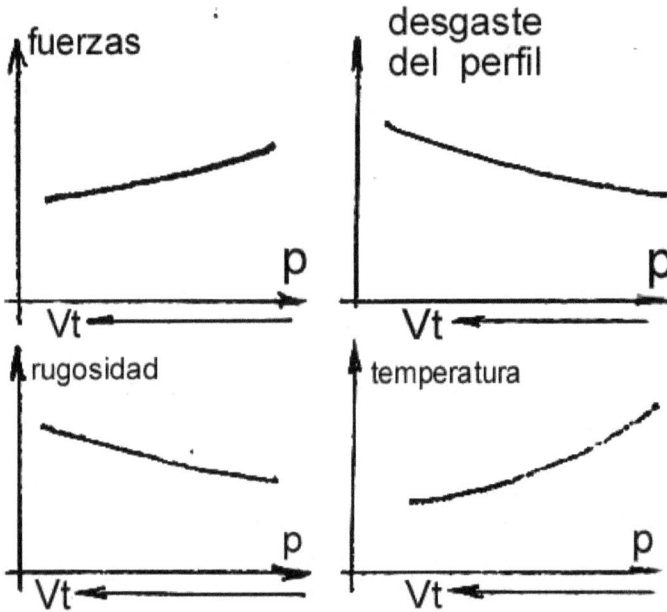

También se lo denomina rectificado de arrastre por el muy bajo y lento avance. En inglés se lo conoce como "contour grinding" o "creeping", y en alemán como "Tiefschleifen".

Las máquinas requeridas para esta operatoria deben ser especiales, muy robustas y con abundante refrigeración.

Obviamente, en un ensayo con Q en aumento los parámetros de resultado empeoran; por ejemplo si, manteniendo la velocidad de corte invariable y la velocidad de alimentación o de trabajo de la pieza también constante, aumentamos la profundidad de pasada.

Ensayo 2
En un caso de
rectificado
cilíndrico
transversal
realizamos
ensayos a Q
constante,
manteniendo el
avance (Vav) de
penetración

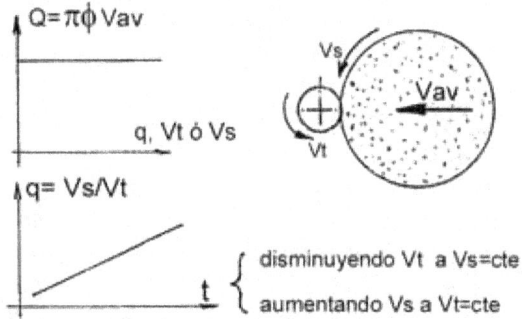

constante y procedemos a alterar la relación q = Vs / Vt, en un caso
manteniendo Vs constante y variando Vt, y en el otro caso manteniendo
Vt constante y variando la Vs. Acá vale Q = π φ pieza x Vav.
Se llega a las siguientes conclusiones:

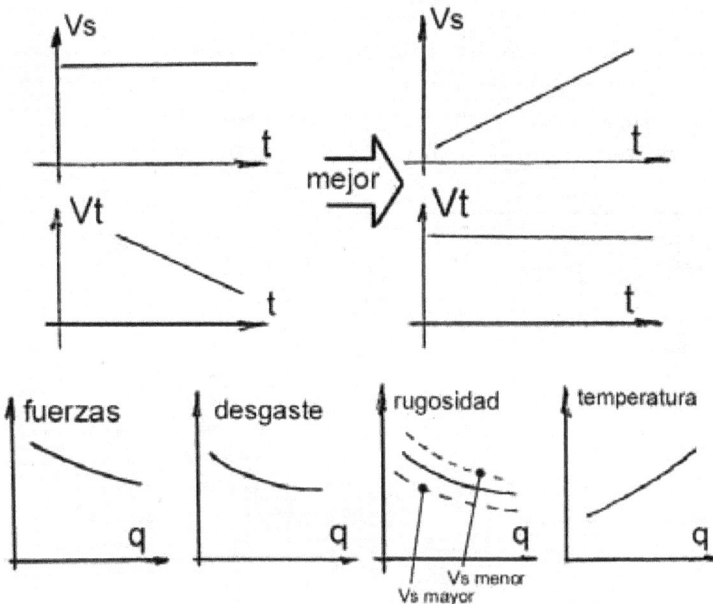

A mayores valores de (q) las fuerzas en juego disminuyen, al igual que el desgaste de forma del perfil de la rueda; la rugosidad también baja y la temperatura aumenta, por lo cual, con la ayuda de un buen refrigerante, las velocidades de corte Vs altas resultan beneficiosas. Además, comparando ensayos de igual q = Vs/Vt = Vs1/Vt1 = Vs2/Vt2, etc. los resultados mejoran con los valores individuales altos de Vs y de Vt. Por eso se dan valores de Vs y Vt recomendados tratando de mantenerse la (q) constante si se produce la alteración de alguna de las velocidades; por ejemplo, por variación del diámetro por desgaste de la rueda se corrige Vt en correspondencia para no alterar demasiado los parámetros de resultado.

De lo antedicho resulta que si se quiere aumentar (q) conviene hacerlo aumentando Vs y no disminuyendo Vt. El aumento de Vt actúa disminuyendo la temperatura, aunque empeora la terminación superficial. Por lo antedicho queda en evidencia que la constancia de (q) significa que la forma de la viruta se mantiene geométricamente invariable, y sin embargo, por la dinámica del proceso y los efectos plásticos de deformación del material, los resultados dependen de los valores particulares de las velocidades de trabajo de la pieza y de corte de la muela.

Si bien se recomiendan los más altos valores de velocidades que resulte posible, existe una limitación para Vs por el calentamiento y la velocidad de rotura, y para Vt por la tendencia a vibrar de la pieza. En particular con piezas muy delgadas y largas, esto se agrava.

Valores q = Vs/Vt para desbaste	Acero blando / duro		Fundición gris / blanca		Widia	Bronce
Plano periférico	80	90	63	32	50	50
Plano frontal	50	56	40	20	40	32
Cilíndrico exterior	125	125	100	50	63	80
Cilíndrico interior	80	80	63	30	50	50

Para terminación se usan valores de (q) hasta tres veces mayores.

Ensayo 3

*En el caso de rectificado **cilíndrico exterior periférico longitudinal**, o sea con avance o desplazamiento a lo largo de la pieza (s) mm por vuelta, se produce un efecto de profundidad de pasada (p) similar al del rectificado plano. Acá vale Q = π x φ pieza x p x s x rpm.*
A valores de Q constantes –lo que se logra manteniendo el producto de (p x s) constante–, se puede aumentar (p) por un lado y disminuir (s) por el otro, en compensación, pero los resultados no son equivalentes.

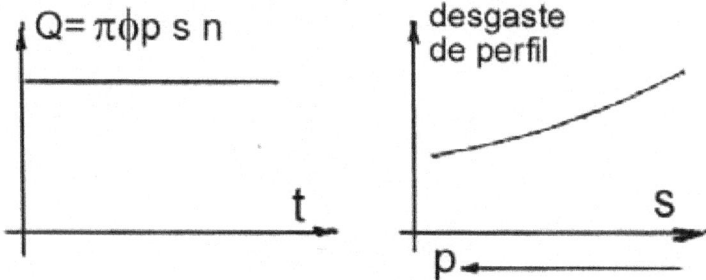

Si observamos que la rueda se desgrana demasiado, o a la inversa, que resulta muy dura, se puede disminuir (p) o (s), pero resulta más contundente bajar (s), pudiendo dejar (p) inalterado o aun aumentarlo en compensación un poco para no reducir tanto el rendimiento de viruta Q. Si resulta muy dura, es decir que tiende a empastarse, conviene aumentar (s) manteniendo (p) inalterado.
Como consecuencia de lo antedicho, el cuadro anterior de valores (q) puede completarse como sigue:

	Si la rueda se comporta:	
	muy dura	muy blanda
Condición de trabajo:		
Avance (s)	aumentar	disminuir
Y simultáneamente, si se pretende no afectar demasiado el valor del rendimiento (q), se debe corregir:		
Profundidad (p)	disminuir un poco	aumentar un poco o mantener

Todo lo expuesto aquí para el rectificado cilíndrico exterior también es válido, análogamente, para el rectificado cilíndrico interior.
Se acompañan tablas con valores generales orientadores para los parámetros de trabajo.

Rectificación longitudinal con avance   s = Vav   longitudinal
En cilíndrico exterior o interior: s = mm   por vuelta
En plano: s = mm por pasada doble
Expresado como fracción del ancho (B) de la rueda, o sea inversa de (u), y válido para aceros, fundición y no ferrosos

	Desbaste	Terminación
Plano y cilíndrico exterior	1/2 a 1/4	1/4 a 1/2
Cilíndrico interior	1/4 a 2/3	1/2 a 1/3
Plano frontal	máximo 3/4 del diámetro = B	
Ra (μ) obtenido	3 a 0,8 μ	0,6 a 0,2 μ

Para valores menores a 0.2 debe usarse   s = 1/10 a 1/50.

Rectificado longitudinal y transversal: profundidad (p) en mm
Desbaste: 0,01 a 0,04   Terminación: hasta 0,002

Según el grado de terminación deseado y el sobrematerial, la cantidad de pasadas pueden ser del orden de 3 a 30 ó más.
En el caso de rectificación plana transversal estos valores sirven únicamente para la oscilante, puesto que para el rectificado profundo o de arrastre, (p) es del orden de varios mm hasta algunos cm con una sola pasada.

3. Elección de la característica adecuada
Hemos visto que las variables a definir son las siguientes:
- *Tipo de grano abrasivo.*
- *Tamaño de grano.*
- *Dureza de la piedra.*
- *Estructura.*
- *Tipo de liga, vitrificada o bakelita.*

Se pueden dar lineamientos y recomendaciones generales teniendo en cuenta los siguientes factores que definen el trabajo:
A. Propiedades intrínsecas del material a rectificar.
A1. Composición química o estructura metalográfica.
A2. Conductibilidad térmica.
A3. Tenacidad o fragilidad.
A4. Blando o duro, expresado por dureza Brinell o Rockwell.
B. Parámetros de trabajo que pueden estar predeterminados.
B1. q = Vs / Vt; relación de velocidad de corte de la piedra a la velocidad de avance de la pieza.
B2. Arco de contacto (a).
B3. Profundidad de pasada (p).
B4. Superposición de pasadas (u), que se define como la relación entre el desplazamiento lateral y el ancho de la muela.
C. Resultado que se quiere obtener.
C1. Alto rendimiento de amolado sin preocupar la calidad superficial, o sea el caso del desbaste.
C2. Buena terminación superficial, baja rugosidad, como ser en el caso del rectificado de precisión.
D. Limitaciones propias de la máquina.
D1. Máquinas pesadas con gran masa o, al contrario, livianas, con tendencia a vibrar.
D2. Estado del husillo portapiedras con juego por desgaste.
E. Características de diseño de la pieza a trabajar.
E1. Con filos agudos sensibles al quemado, varillas finas, etc.
E2. Superficies interrumpidas, chaveteros, etc.
E3. Superficies o caras simultáneas a rectificar, como el caso de cigüeñales, etc.
F. Tamaño de la rueda según el tamaño de la máquina.
G. Posibilidades de refrigeración.

Tipo de grano abrasivo

Según A1: los materiales ferrosos, aceros de bajo o medio tenor de carbono, ya sea templados o no, no pueden ser amolados con CSi, a pesar de sus buenas propiedades abrasivas, debido a la reactividad química entre el Fe y el carburo de silicio, que destruye al grano abrasivo rápidamente. Por lo tanto debe utilizarse siempre óxido de aluminio (AlOx).

Los materiales no ferrosos, en general, se adecuan para ser amolados con CSi y mayormente con granulometría gruesa. Los no ferrosos como ser los metales duros (Widia) se trabajan, en cambio, con granos finos. Las fundiciones de hierro son muy variadas en lo referente a sus estructuras metalográficas, y de ello depende que se use AlOx o CSi. Es muy usual, en este caso, el uso de mezclas con liga bakelita.

Estas recomendaciones se pueden ver alteradas cuando se trata de rectificados de precisión con granulometrías finas donde el AlOx pude lograr más brillo porque el grano abrasivo sufre un desgaste que lo redondea y por consiguiente se hace menos agresivo, rayando menos y dando así un brillo de pulido, como ocurre en el caso del vidrio.

Según A2: los materiales no metálicos como, por ejemplo, los pétreos y los vidrios, se adecuan al CSi debido a que éste, por su refractariedad, soporta mejor las altas temperaturas de contacto como consecuencia de la mala conductividad del material tratado.

Plásticos, madera y goma también aceptan mejor al CSi, no sólo por su refractariedad térmica, sino también por su filosidad más pronunciada en granos gruesos y ruedas blandas

Según A3 y A4 (que juegan en forma combinada): cuanto más tenaz el material –y particularmente en el caso de los aceros–, debe usarse AlOx de mayor dureza, como ser el tipo blanco, rosado o rubí, o el monocristalino, con granos gruesos o medios en general.

Si se trata de material duro y frágil, en el caso de Widia o fundición blanca, el CSi anda bien, puesto que en granos finos este material presenta una dureza y tenacidad adecuadas, manteniendo filos abrasivos agudos.

Para materiales con una combinación de propiedades tenaz pero blandos, como ser algunas aleaciones de aluminio o bronce, se requieren cantos filosos y el CSi en granos gruesos, que por ser más frágil que el AlOx y por lo tanto quebrarse más fácilmente al ser sometido a la presión de trabajo, puede resultar más adecuado, mientras que para aceros relativamente blandos (sin tratar térmicamente) se adecua el AlOx tipo gris.

Según C1: las operaciones de desbaste requieren granos tenaces que puedan resistir grandes presiones de trabajo, por eso se aplica AlOx gris o con Zirconio.

Según C2: a veces, donde normalmente se aconseja el CSi, para operaciones muy finas de terminación pulida se usa AlOx, como en el caso del tallado de vidrio.

Los parámetros B (valores cinemáticos), los valores D (características de la máquina), E (diseño de la pieza) y G (refrigeración) no son determinantes en la elección del tipo de abrasivo.

Tamaño del grano
Los OxAl en granulometrías gruesas resultan muy tenaces y requieren mayores esfuerzos específicos para lograr su rotura (caso de los desbastes); en cambio los CSi, que serían más frágiles, se van convirtiendo en más tenaces a medida que disminuye el tamaño del grano. Por eso se explica que su dureza combinada con su tenacidad los hagan adecuados para el afilado de la Widia.

Según A3 y A4 (que juegan en forma combinada): dentro del campo de los aceros se puede generalizar el siguiente criterio: para aceros duros y frágiles (templados), usar granos finos que puedan tener penetración gracias a su dureza; y para aceros tenaces y blandos, granos gruesos. Los parámetros A1 (composición o estructura metalográfica) y A2 (conductibilidad) no son predeterminantes en la elección del tamaño de grano.

Según B2: si el arco de contacto es grande, como ser en el rectificado plano, conviene usar grano grande, que permite la descarga de mayor viruta. Si, en cambio, el arco de contacto es pequeño, como ser en el rectificado cilíndrico exterior, pueden usarse granos más pequeños.

*Un caso excepcional lo constituye el rectificado cilíndrico interior,
donde el uso de grano grueso está limitado por los esfuerzos en juego
sobre mandriles débiles y ruedas pequeñas o al menos limitadas en su
diámetro.*

*Según B3: cuanto más profunda es la pasada que se quiere realizar,
tanto más grande debe elegirse el tamaño del grano. La excepción lo
constituye el tallado de arrastre ("creeping"), que es un tallado con
forma con muy bajo avance, en el cual se usan granos medianos o finos
pero con estructura muy abierta y en máquinas especiales (ejemplo de
álabes para turbinas).*

*Los parámetros B1 (relación velocidad de corte / velocidad de avance)
y B4 (superposición de pasadas) no predeterminan la elección del
tamaño del grano.*

*Según C1: los granos gruesos transmiten esfuerzos mayores y por lo
tanto están limitados por la potencia y el estado de la máquina, pero,
obviamente, son imprescindibles para desbastes con alta remoción de
viruta.*

*Según C2: a tamaños de grano menores se logran mejores resultados de
rugosidad superficial, pero conviene recordar que aun con granos
relativamente gruesos se pueden lograr buenas terminaciones
superficiales si se trabaja con bajo avance y con poca profundidad de
pasada dejando a la máquina trabajar en vacío hasta desaparecer la
chispa ("spark out"). Lo que interesa o determina la rugosidad no es
tanto el tamaño del grano sino su profundidad de penetración en el
material. Conviene siempre elegir el grano más grueso posible
compatible con la calidad superficial deseable, mientras que con granos
más finos pueden presentarse mayores problemas del mecanizado por
empaste y rendimiento de la rueda.*

*Según D1: máquinas robustas permiten trabajar con granos gruesos, ya
que soportan mayores esfuerzos, y lograr así mayor rendimiento de
trabajo.*

Según D2: máquinas defectuosas no admiten la carga de granos gruesos, pero aun con granos finos no logran buena calidad superficial.

Según E1: para filos cortantes y agudos en la pieza, donde debido a la poca masa la disipación de calor es difícil, y para piezas sensibles al calor, conviene usar granos finos (afilado de cuchillas).

Los parámetros E2 y E3 (superficies interrumpidas o caras simultáneas) no definen el tamaño del grano.

Según F: ruedas pequeñas de poco espesor requieren granos finos, por una cuestión estructural de la piedra. Ruedas grandes pueden tener cualquier tamaño de grano, según las exigencias del trabajo.

El parámetro G (refrigeración) no predetermina el tamaño del grano.

Dureza de la piedra
Los parámetros A1 (composición) y A2 (conductibilidad) no predeterminan la dureza.

Según A3 y A4 (juegan en forma combinada): en particular para los aceros, tratándose de materiales tenaces, vale la siguiente regla: para aceros duros, ruedas blandas; para aceros blandos, ruedas duras. Esta es una vieja y conocida regla que va acompañada con el hecho que los grados blandos (de dureza de la rueda) van acompañados de granos abrasivos duros, como ser el AlOx blanco, y en cambio las ruedas de grado duro se usan con granos más tenaces, como ser el AlOx gris. La dureza de la rueda acá juega reteniendo más o menos tiempo al grano abrasivo y equilibrando el balance entre el desgaste de los filos abrasivos y la rotura o el desprendimiento de los mismos.

La excepción que violenta esta regla es cuando se trata de materiales a rectificar o amolar, muy blandos o pastosos, como ser aluminio, donde las fuerzas en juego no alcanzan a fracturar el grano abrasivo; entonces no queda más remedio que usar abrasivo frágil con baja dureza de la rueda.

Según B1: si la relación Vs / Vt es alta, debe bajarse la dureza.

Según B2: cuanto más grande el arco de contacto, tanto más blanda debe ser la piedra, puesto que la presión de contacto o fuerzas específicas sobre el grano abrasivo se distribuyen en mayor superficie, resultando menores y no logrando romper el grano.

Según B3: si se quiere trabajar con mayor profundidad de pasada (p) para lograr mayor rapidez, conviene que la rueda tenga mayor dureza.

Según B4: la superposición (u) no determina la dureza.

Según C1: para lograr mayor cantidad de material removido debe bajarse la dureza, pero dentro de límites que no provoquen la caída prematura del grano. Esto se verifica en la experiencia: ruedas duras "duran" más pero remueven menos material, y por consiguiente pueden llegar a rendir menos.

Según C2: las piedras un poco duras tienden a redondear el grano y espejarlo, permitiendo una terminación superficial de menor rugosidad, pero siempre dentro del límite que no produzca quemado superficial. Si la rueda es blanda presenta con mayor facilidad filos agresivos y raya con más facilidad.

Según D1: si la máquina es liviana convienen ruedas duras, lo que llama la atención y parece contradictorio, pero se explica porque este tipo de ruedas saca virutas más pequeñas, exigiendo menores esfuerzos a la estructura de la máquina. Las ruedas blandas, con su mayor capacidad de remoción de material, exigen máquinas robustas y en buen estado de mantenimiento.

Según D2: si hay juego en el husillo se deben usar ruedas duras y de estructura cerrada.

Según E1: cuando hay filos con poca disipación de calor, para evitar el quemado debe usarse rueda blanda.

Según E2: las superficies interrumpidas muestran cantos vivos que tienden a desgranar la piedra, por consiguiente se recomienda usar ruedas con mayor grado de dureza.

Según E3: cuando la rueda debe atacar superficies laterales y frontales simultáneamente, debe aumentarse la dureza para mantener la forma del canto de la rueda sin llegar a quemar. A veces es adecuado fabricar la rueda en forma de sándwich, endureciendo específicamente los cantos de ataque.

Según G: si hay buena refrigeración puede aumentarse la dureza, con la consiguiente mejora en la terminación superficial.

El parámetro (F) no incide en la determinación de la dureza.

Estructura
La estructura de una muela, para una dureza determinada, se asocia con la porosidad que posea y, por consiguiente, con su capacidad de absorción o alojamiento de virutas desprendidas, permitiendo una mejor refrigeración de las superficies en contacto.

El parámetro A1 (composición o estructura metalográfica) no incide en la determinación de la estructura.

Según A2: para materiales de baja conductibilidad térmica conviene abrir la estructura (caso de la goma).

Según A3 y A4 (juegan en forma combinada): los materiales blandos y tenaces producen virutas largas y pueden requerir estructuras abiertas, mientras que los duros y frágiles se pueden amolar con estructuras cerradas.
Según B1: si la relación Vs/Vt es alta, la viruta desprendida es pequeña y se puede trabajar con estructura cerrada.

Según B2: si el arco de contacto es grande conviene abrir la estructura, y viceversa. De acá surge que, por ejemplo, en el rectificado plano o cilíndrico interior se aconseja estructura abierta, y en cambio para el rectificado cilíndrico exterior se puede usar estructura más cerrada.

Según B3: a mayor profundidad de pasada se requiere una estructura más abierta.

El parámetro B4 no predetermina la estructura.

Según C1: las estructuras abiertas favorecen el desbaste. Esto entra en colisión con las ruedas resinoides (bakelita) de alta densidad prensadas en caliente ("hot pressed"), donde el mecanismo de desprendimiento responde a otro concepto.

Según C2: a primera vista parece que la estructura más abierta permite trabajar en forma más desahogada a la rueda, lo que siempre sería deseable; pero esto lleva a un error, dado que con estructura cerrada y compensando con menor dureza se logra una superficie activa con más puntas abrasivas y menos liga (lo que genera menor calentamiento), con óptimos resultados especialmente en el rectificado cilíndrico exterior.

Según D1 y D2 en forma conjunta: en máquinas livianas o flojas conviene usar estructura cerrada.

Según E1: estructura abierta para lograr una mejor disipación del calor.

Según E3 y E4: estructuras cerradas para defender mejor la forma de la rueda. Es decir, que no pierda fácilmente su perfil.

Según G: obviamente, si no se puede usar refrigeración las estructuras abiertas ayudan en ese sentido.

Tipo de liga

La elección de cerámica o bakelita reconoce un amplio campo de posibilidades a discutir.
Las ligas cerámicas se usan para velocidades de trabajo normales de alrededor de 30 m/seg y excepcionalmente de hasta 60 m/seg.
Reconocen una fragilidad que las hace peligrosas en el caso de un trato descuidado; es decir que a pesar de su buena resistencia mecánica, deben estar protegidas de los golpes o impactos dinámicos.
En cambio la liga bakelita, cuya velocidad de trabajo normal es de 45 m/seg y excepcionalmente hasta 80 m/seg con refuerzo de fibra de

vidrio, presenta una mayor resistencia a los golpes y permite diseñar ruedas abrasivas con gran capacidad de desprendimiento de viruta. Es decir que se ganó un puesto indiscutido en las operaciones de desbaste con granos gruesos. Por otro lado, cuando se requiere obtener muy buena terminación superficial y con granos finos, la bakelita responde bien gracias a su elasticidad, que favorece este propósito.

En la gama de tamaños de grano intermedios su uso no está universalmente impuesto, dado que su característica de ser mala conductora del calor la hace propensa a la quemadura superficial del material que se rectifica. Por eso se usa en casos especiales. Además, la bakelita es sensible al ataque químico del refrigerante, y más aún si éste es alcalino. Por lo tanto su estabilidad en el tiempo es limitada. Obviamente, su gran campo de aplicación es el tronzado, donde los discos de corte se arman con refuerzo de telas de fibra de vidrio.

Las ligas cerámicas son de muy diversa composición, la que suele ser un estricto secreto de fabricación. Las mismas se formulan para lograr resultados específicos adecuados a cada tipo de trabajo.

Hay ligas de corte frío y otras más tenaces de mayor resistencia a la velocidad de rotura, etc., pero todas ellas deben ser lo menos abrasivas posible, para no comer el diamante de perfilado con excesiva agresividad.

La liga cerámica no tiene función activa de abrasión durante el rectificado, por lo que podemos decir ciertamente que se trata de "un mal necesario" (concepto válido para cualquier tipo de liga, incluso las de bakelita) que genera calor y ocupa un volumen en conflicto con la viruta desprendida. Siempre el exceso de liga es pernicioso.

Las ligas cerámicas son muy estables a la humedad y a cualquier refrigerante.

4. Rectificado con herramientas diamantadas y de CBN

En la Parte I de esta obra se presentaron las herramientas de superabrasivos adecuadas para trabajos de precisión, principalmente por su gran constancia de perfil, tanto en rectificado plano como cilíndrico interior o exterior. Son demasiado costosas para que se produzca el autorreafilado típico de los abrasivos convencionales, por eso su reafilado es imprescindible (excepto en el tronzado).

<u>Comportamiento de la liga</u>
Las ligas, según su dureza, y con relación al tamaño de grano, se comportan de acuerdo al grado de retención como se indica a continuación.

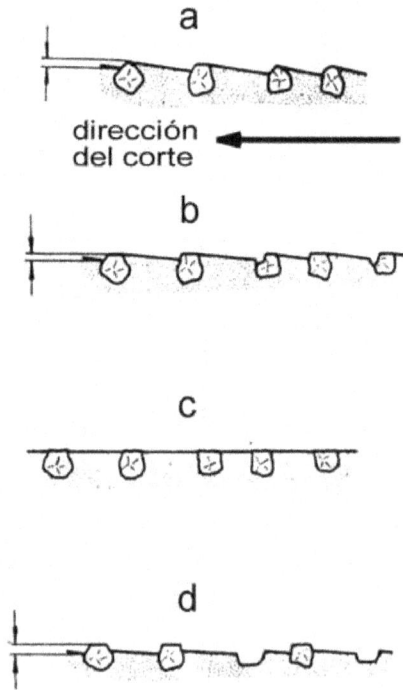

En (a) los granos asoman inicialmente, y en (b), usada correctamente, los granos aparecen parcialmente aplanados y algunos quebrados por efecto del autoafilado, pero con una capacidad de rectificado similar a la inicial. Sobresale aproximadamente un 25% de su diámetro medio.

En (c) una liga excesivamente dura embota la piedra.

En (d) una liga muy blanda hace perder granos excesivamente.
Esto ocurre si se pretende usar una rueda con grano fino, para desbaste con profundidad de pasada excesiva.

Reavivado del filo y reperfilado
En un primer paso se procura recuperar la forma geométrica correcta
por medio de las siguientes variantes:
a) Por medio de rodillos de CSi que giran
libremente montados sobre un soporte fijo a
la máquina.
b) Con ayuda de planchas de acero de
construcción (St37).
c) Con conglomerados diamantados, válidos
únicamente para CBN.
d) Con grano de CSi suelto, especialmente
para las copas, desparamado sobre placa de
vidrio o de acero duro.
En todos los casos con suficiente
refrigerante.

En el segundo paso se logra el reavivado de
las puntas abrasivas actuando sobre la liga
por medio de una lima de características
AA220J7V para ligas resinoides o CG100
para ligas metálicas.
Aquí el refrigerante no debe ser tan
abundante como para lavar las supeficies en
contacto, sino el necesario para lograr una
pasta que actúe como elemnto de abrasión
sobre la base de liga. Detrás de cada grano
de diamante se observa una cola o cometa de
respaldo y la superficie de ataque libre.

La fotografía del microscopio electrónico
(Pág. siguiente) muestra la topografía de la
banda diamantada con la liga correctamente
desgastada por el reavivado o buen uso, y el
grano de diamante asomando con su
respaldo como una carena trasera y frente de ataque libre.
Esto define el porqué de un sentido recomendado de giro.

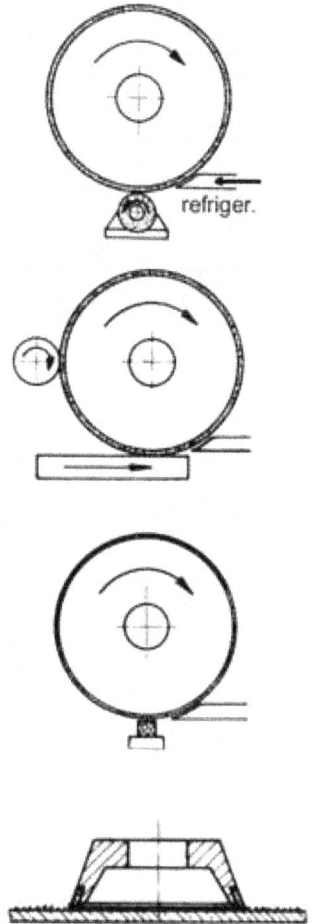

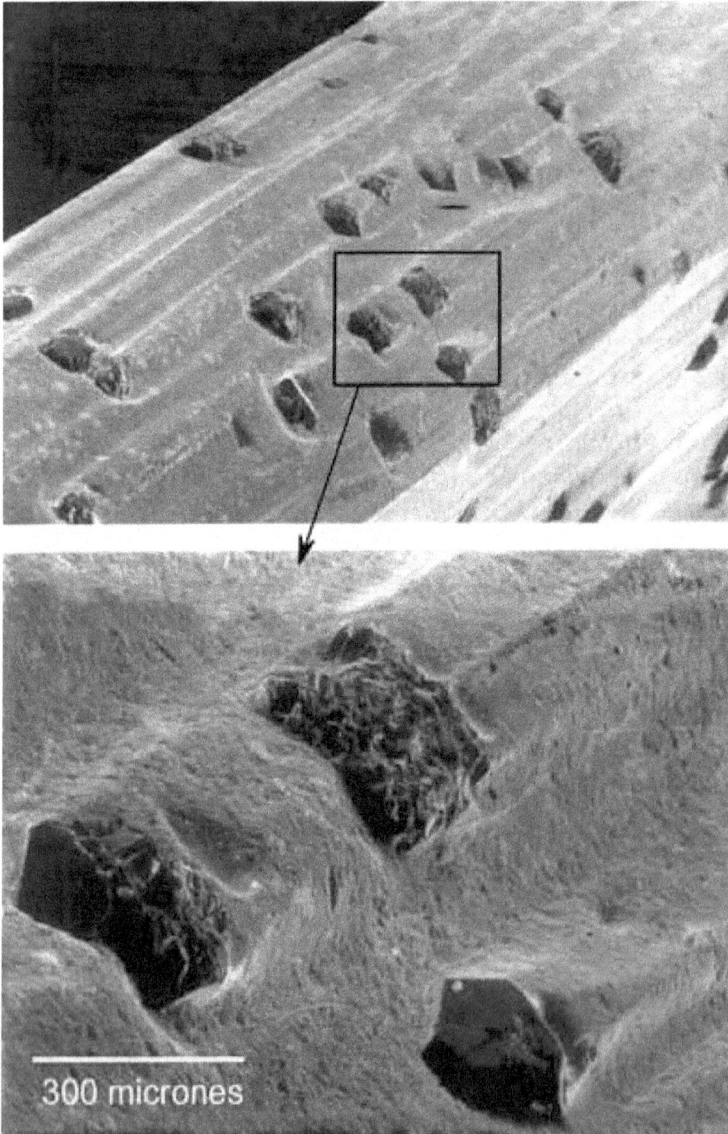

Liga metálica de sierra diamantada para granito con granos #40-50

Dimensiones adecuadas de la capa abrasiva o banda diamantada en rueda, platillos y copas
Es un factor determinante en el costo de la rueda diamantada (asimismo en CBN) y tiene relación con el trabajo a realizar.
Debe recordarse que debido a que el cuerpo base no es recuperable, no conviene que la capa sea muy fina, porque una capa de doble grosor cuesta, en definitiva, menos del doble.
Por otro lado, el ancho de la banda conviene que no supere el ancho de la superficie de trabajo para, de esa manera, evitar que se forme un escalonado por desgaste en los bordes. Siendo más angosta se cubre la superficie con un movimiento de vaivén lateral.

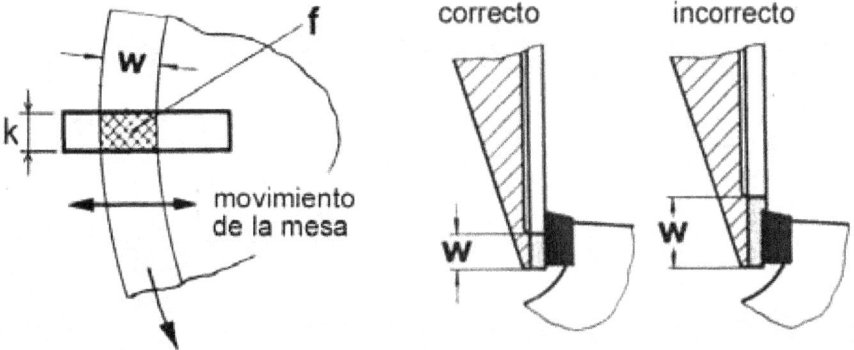

Tamaño del grano
Particularmente indicados para el afilado de herramientas, pero sus valores pueden servir de guía para otros procesos.

Herramientas de Widia (con diamante)

D251/151	*#60-120*	*Rectificado previo de desbaste con sobremedida de 0,2 mm*
D107/64	*#140-270*	*Acabado no muy exigente*
<D46	*>#325*	*Acabado exigente*

Herramientas de acero rápido HSS (con CBN)

B107	*#140 -170*	*Rectificado previo y de acabado*

La profundidad de pasada viene limitada por el saliente de cada grano, lo que a su vez depende del autoafilado o del reavivado, y del tamaño del grano. El saliente adecuado es de aproximadamente ¼ del tamaño del grano en su diámetro.

Por eso las muelas de grano fino no deben trabajar en pasadas muy profundas, que arruinan la base de liga con pérdidas prematuras de granos enteros, y el desbaste necesariamente requiere muelas de grano más grueso, con lo cual el criterio de selección viene guiado por la siguiente recomendación: elegir el grano más grueso posible compatible con la terminación deseada.

En el caso del CBN, el tamaño del grano influye poco en la calidad superficial y se pude adoptar un tamaño medio adecuado para desbaste y terminación. Las ligas son por lo general resinoides.

Velocidades de trabajo (datos considerados en general con uso de refrigerante)		
Para diamante	Liga bakelita	Liga metálica
Rectif. plano	20-30 m/seg	20-25 m/seg
Cilíndrico interior	10-20 en seco máx. 12	12-20 en seco máx. 12
Cilíndrico exterior	20-30	12-20
Herramientas	18-28 en seco máx. 22	12-20 en seco máx. 12
Para CBN	Liga bakelita	Liga metálica
Rectif. plano	22-35 m/seg	22-30 m/seg
Cilíndrico interior	18-30 en seco máx. 20	12-20 en seco máx. 15
Cilíndrico exterior	25-35	18-30
Herramientas	20-30 en seco máx. 25	20-25 en seco máx. 15

Profundidad de pasada y avances

Rectificado plano con diamante o CBN

Para 80 – 120 mesh   0,01 – 0,02 mm de profundidad máx.
        140 – 200   0,007 – 0,01
        230 – 325   0,005 – 0,007

Avance: 10 –20 m/min

Paso lateral para diamante: 1/5 – 1/3 del ancho banda abrasiva
                    CBN: 1/4 – 3/4

Rectificado cilíndrico interior con diamante o CBN

Para #80 – 170 mesh   0,007 – 0,02
        200 – 325   0,001 – 0,007

Avance: 0,3 – 2 m/min
Velocidad de la pieza: 20 – 40 m/min
Paso lateral: 10 – 40% ancho banda

Herramientas con avance guiado en afiladora

Para #80 – 120 mesh   0,01 – 0,03 mm de profundidad máx.
        140 – 200   0,008 – 0,02
        230 – 325   0,005 – 0,009

Avance: 0,5 – 3 m/min

Rectificado cilíndrico exterior con diamante o CBN

Para #80 – 120 mesh   0,015 – 0,03
        140 – 200   0,009 – 0,01
        230 – 325   0,005 – 0,008

Avance: 0,5 – 2 m/min
Velocidad de la pieza: 20 – 40 m/min
Paso lateral: 10 – 40% ancho banda

Discos o sierras diamantadas para corte de pétreos
Pueden tener banda continua o segmentada con diversas formas
adecuadas a cada tipo de trabajo.

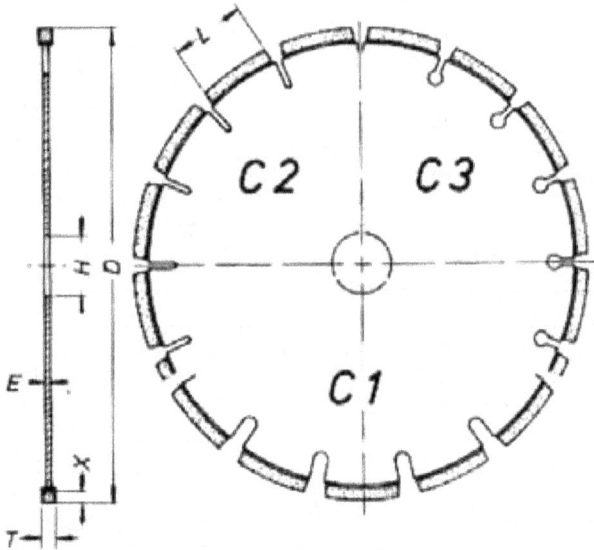

La figura muestra solamente algunos ejemplos tipificados.
Los segmentos son insertos de liga metálica que van soldados sobre el
disco metálico, cuyo diámetro puede variar de 200 hasta más de 2.000
mm.
Según se trate de granito, mármol, concreto, etc. varía la concentración
y la liga.
Para la velocidad de corte se dan recomendaciones orientadoras, más
adelante, en la sección de operaciones. Se debe preferir el corte con
agua.

Velocidad de corte para tronzado con sierras diamantadas		
Granito	25 – 40 m/seg	según el contenido de cuarzo
Mármol	40 – 60	
Concreto	30 – 50	Hormigón armado máx. 40 m/seg
Fibrocemento	30 – 45	

5. Rugosidad

Las superficies mecanizadas, y en particular las rectificadas o amoladas, presentan una mayor o menor calidad de terminación superficial dependiendo de varios parámetros de trabajo como ya hemos visto anteriormente.

Para poder juzgar la calidad de las terminaciones analizamos el concepto de rugosidad tal como sigue a continuación.

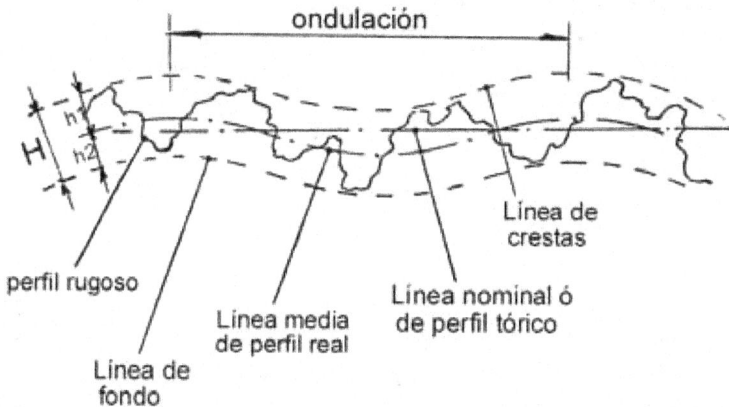

Si la pieza debiera tener un perfil teórico representado en la figura como línea nominal, en la práctica resulta, en cambio, un perfil real con rugosidad y ondulaciones.

La ondulación es una imperfección de orden superior a la rugosidad, mientras que esta última se considera dentro de extensión menor a 0,8 mm y es producida por efecto de la herramienta o por el grano abrasivo al arrancar la viruta de material.

Las ondulaciones, en cambio, pueden deberse a la flexión de la máquina o de la pieza.

Si visualizamos una superficie ampliada podemos imaginar en corte transversal una línea de crestas que envuelve al perfil y otra de fondo que resulta de las rayaduras o profundidades. Entre ambas se puede imaginar una línea media que separa dos zonas de áreas iguales.

Para medir la rugosidad se desarrollaron dos criterios: el americano y el europeo.

*De acuerdo al criterio **americano** se usa como unidad de medida el microinch, simbolizado por μinch y definido como la millonésima parte de una pulgada: 1μinch = 10⁻⁶ inch.*

Además se define una dimensión llamada RMS que resulta de calcular la "media geométrica" de las alturas del perfil real a la línea media de referencia, tal como se indica en la figura del ejemplo gráfico-numérico. Para este ejemplo tendríamos un valor de RMS = 12,6.

*En cambio, en el sistema **europeo** se usa como unidad de medida el micrón, simbolizado por μ y definido como la milésima parte del milímetro: 1μ = 10⁻³ mm.*

Además se define la dimensión Ra, que resulta de calcular el "promedio aritmético" de las alturas.

En el ejemplo presentado se daría: Ra = 0,27.

La relación entre ambos sistemas viene dada por

1μinch = 10⁻⁶ x 25,4 mm = 0,0254 x 10⁻³mm = 0,0254 μ;

y a la inversa: 1μ = 40 μinch.

En Inglaterra se usa un sistema intermedio en el cual la rugosidad es definida por el promedio aritmético, en consonancia con el criterio europeo, pero expresada como los americanos por la unidad microinch.

.

Esto se denomina rugosidad CLA, y en el mismo ejemplo daría:

CLA = 0,27 Ra x 40 = 11 μinch.

En muchos casos la información sobre rugosidad se da en valor de profundidad total (Rt), que representa el valor H de nuestra figura; por lo tanto: Rt = H, que es la altura máxima entre crestas predominantes y fondo de perfil.

En nuestro ejemplo sería: H = 39μinch = 39/40 μ 0,975 μ valor Rt.

La relación de Rt con los valores Ra, RMS y CLA depende de la forma del perfil real, pero se pueden dar valores orientadores empíricos que pueden ser de utilidad.

De la tabla que se presenta es visible que las mediciones realizadas en promedio geométrico, como ser RMS, dan aproximadamente un 11% mayores que los valores correspondientes a promedio aritmético, como ser CLA.

En cambio la relación entre rugosidad total (Rt) y la media Ra, ambas tomadas en igual unidad de medida, es del orden de 5 a 10 veces dependiendo de la forma del perfil.

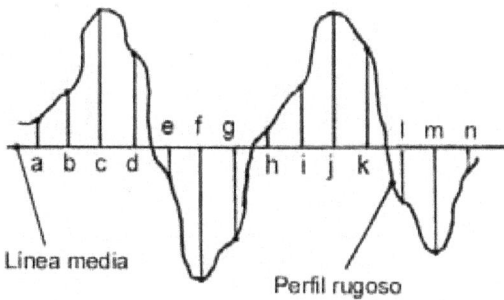

Perfil rugoso

a = 4 µ inch	a^2 = 16
b = 8	b^2 = 64
c = 20	c^2 = 400
d = 14	d^2 = 196
e = 4	e^2 = 16
f = 19	f^2 = 361
g = 13	g^2 = 169
h = 2	h^2 = 4
I = 9	i^2 = 81
j = 20	j^2 = 400
k = 15	k^2 = 225
l = 8	l^2 = 64
m= 15	m^2 = 225
n = 13	n^2 = 9
154	2.230

Promedio aritmético: 154/14 = 11 µinch CLA

Expresado en micrones = 11/40 µ = 0,27µ Ra

Promedio geom.: $\sqrt{2230/14}$ = 12,6 µinch RMS

H = c + f = 20+19 = 39 µinch = 39/40µ = 0,98 µ Rt

Tabla de equivalencias entre Ra, CLA, RMS y Rt			
Ra μ	CLA μ"	RMS μ"	Rt μ
0,02	0,8	0,9-1	0,1-0,3
0,1	4	4,4-4,8	0,5-1
0,2	8	8,8-9,6	0,9-1,9
0,3	12	13-14,4	1,3-2,7
0,4	16	17,6-19	1,7-3,4
0,5	20	22-24	2,1-4,2
0,6	24	26,4-29	2,5-4,8
0,8	32	35,2-38,4	3,3-6,2
1	40	44-48	4-7,5
1,5	60	66-72	6-10,5
2	80	88-96	7,8-14
3	120	132-144	11,5-19,5
4	160	176-192	15-25
5	200	220-240	18-30
10	400	440-480	35-56

En los planos o dibujos del sistema europeo se indica la rugosidad con el símbolo triángulo: ∇.
La siguiente tabla da una equivalencia aproximada de rugosidad equivalente.

Ra en μ

más de 12	$\cong$	En bruto
3 - 12	∇	Desbaste marcas claras
1 - 3	$\nabla\nabla$	Mecanizado de alisado con marcas apenas visibles
0,2 - 1	$\nabla\nabla\nabla$	Mecanizado cuidadoso. Rectificado, las marcas no son visibles
menos de 1,2	$\nabla\nabla\nabla\nabla$	Alisado de superacabado

Los americanos, en cambio, usan el símbolo $\sqrt{}$ *y el agregado del valor medio de rugosidad RMS o CLA. Es de notar que la rugosidad expresada en RMS es 11% superior a CLA.*
Ejemplo

$\overset{63}{\sqrt{}}$ *superficie con 63 μinch CLA*

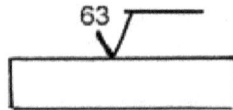

La rugosidad superficial está relacionada con el sistema de tolerancias y el grado de calidad, o de ajuste, con que se está trabajando; es decir, no se puede pretender ajustes de precisión con acabados superficiales bastos, y viceversa.

La tabla es orientativa y sirve a los fines prácticos proveyendo los valores máximos de rugosidad compatibles con la tolerancia ISO.

Toler. ISO		Grupos de dimensión:			
	dim ∠3mm	3-18	18-80	80-250	+de 250
IT 6	0,2μ	0,3	0,5	0,8	1,2
IT 7	0,3	0,5	0,8	1,2	2
IT 8	0,5	0,8	1,2	2	3
IT 9	0,8	1,2	2	3	5
IT 10	1,2	2	3	5	8
IT 11	2	3	5	8	12
IT 12	3	5	8	12	20
IT 13	5	8	12	20	-

Otra tabla orientadora es la que nos da los rangos de rugosidad que se pueden lograr con los diferentes tipos de mecanizado.

La calidad de terminación superficial está expresada en Ra.

Pulido, lapidado, bruñido	0,04 – 0,3 μ Ra
Rectificado	0,2 – 5
Brochado	0,6 – 5
Laminado, trefilado, extrudado	0,8 – 8
Fresado, agujereado	0,8 – 25
Cepillado, torneado	2 – 50
Fundición, forja	8 – 100

6. Repasado de las muelas

Ya hemos visto en las operaciones de repasado (Parte II) que la técnica que se utilice para repasar la rueda abrasiva, es decir la necesidad de reavivar el poder abrasivo de corte y a la vez devolver la correcta geometría de su perfil, es un factor decisivo para el resultado que se quiera obtener. Aparte de la función de reavivado de la superficie abrasiva interesa la función de perfilado, donde para lograr precisión se debe recurrir al uso de **herramientas diamantadas**. *Existe una inmensa variedad de modelos, de acuerdo a los distintos fabricantes de máquinas rectificadoras; solamente indicaremos algunos conceptos fundamentales.*

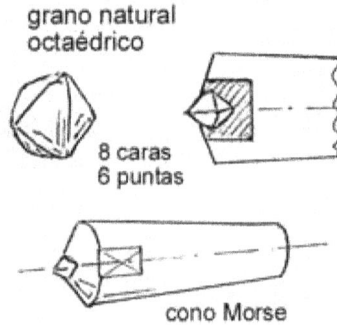

grano natural
octaédrico

8 caras
6 puntas

cono Morse

Herramienta "single point" de una gema de diamante natural: *se trata de una gema natural octaédrica que presenta seis puntas útiles de varios carats engarzada con soldadura de bronce en un vástago cónico Morse y que permite ser reengarzado a medida que se van inutilizando sus puntas útiles. Para su uso correcto deben respetarse algunas indicaciones, como se indica en el dibujo. El peor inconveniente es que resulta difícil obtener las gemas de la calidad adecuada, siendo aconsejable que trabajen con refrigerante.*

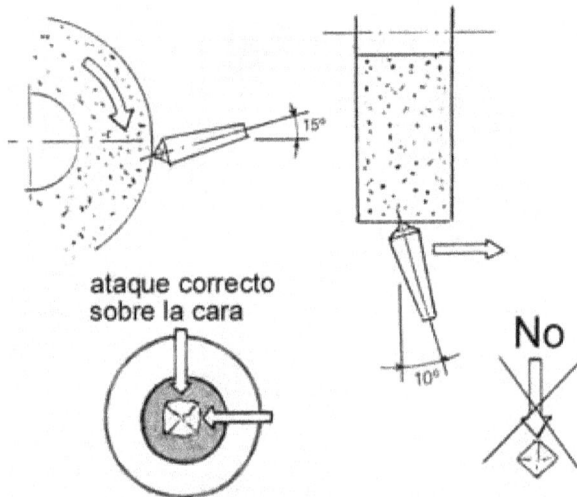

15°

ataque correcto
sobre la cara

10°

No

Una variante con gemas más pequeñas son las rueditas con varias gemas engarzadas. Trabaja en posición fija, pero a medida que las puntas se van gastando basta aflojar un tornillo y se presenta una nueva punta fresca.

<u>Herramientas conglomeradas ("múltiple points"):</u> *con gemas pequeñas se fabrican herramientas en forma de plaquetas o de barras en las cuales, a medida que los diamantes se van gastando, automáticamente por desprendimiento de la liga metálica van apareciéndolos nuevos diamantes de las capas inferiores. En inglés se las conoce como "cluster" o "blade". En alemán se las denomina "Igel" (erizo) o "Abrichtplatte". Las plaquetas permiten perfilar contornos sencillos.*

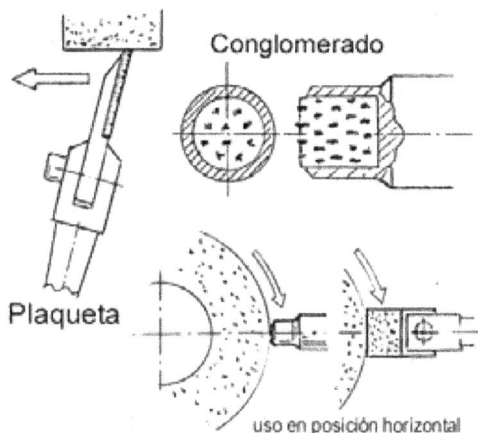

Conglomerado

Plaqueta

uso en posición horizontal

<u>Diamantes perfilados single point</u>: para lograr perfiles complicados o delicados que requieren precisión se usan diamantes de mejor calidad lapidados para lograr una forma predeterminada y precisa, en vástagos especiales que no permiten ser reengarzados.
Pero, dada su forma adecuada, permiten acompañar formas relativamente complicadas.

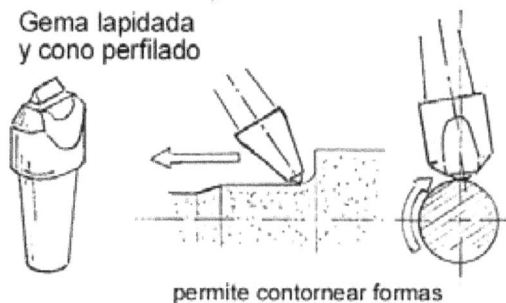

Gema lapidada
y cono perfilado

permite contornear formas

Rodillos diamantados con perfil ("rotaries"): cuando la alta
producción lo justifica, se puede usar este tipo de herramienta, costosa,
pero que logra un máximo de precisión.
Los rotaries pueden trabajar con movimiento propio, a favor o en
contra sobre la rueda abrasiva, o también con giro libre.
En este último caso se produce un efecto de triturado o "crushing" de
la muela abrasiva. Usando el principio del crushing (que puede
interpretarse como triturado o aplastado) se pueden también utilizar
rodillos metálicos sin diamantes, a los cuales se les conforma el perfil
exacto y que a su vez lo imprimen por presión a la rueda.
En el caso de los rotaries diamantados con movimiento propio la
relación de velocidades entre rueda y herramienta diamantada permite
obtener diferentes resultados de rugosidad en la rueda abrasiva.
Para lograr un máximo de rugosidad, en el sentido de lograr mayor
agresividad de la rueda de amolar, se aconseja trabajar con relación de
velocidades 0,8 con los sentidos de giro de rotación concordante.
El gráfico ilustra las alternativas.

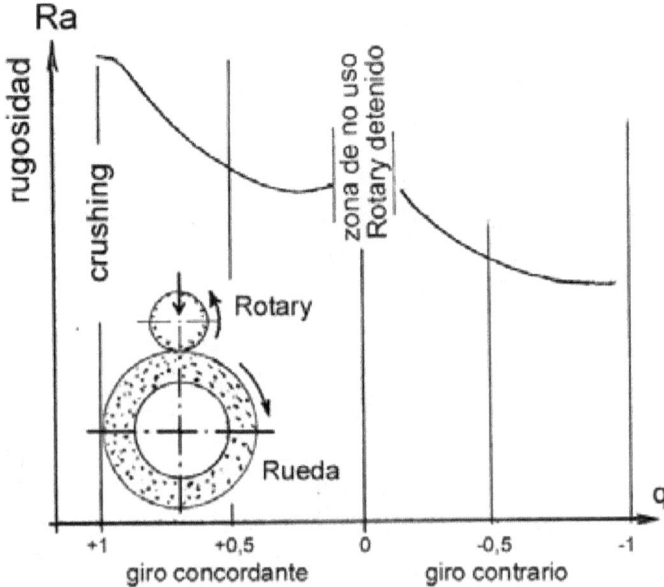

Influencia de los parámetros de diamantado sobre la terminación
superficial de la pieza
Como se dijo en la introducción del presente apartado, del diamantado
dependerá en buena medida la calidad superficial a obtener.
Dicha calidad la evaluamos por la rugosidad superficial, y veremos que
ésta no depende únicamente de las características de la rueda (dureza y
tamaño de grano), sino fuertemente de la forma en que se diamante.
Obviamente, hablamos de trabajos de rectificado de precisión.
Para graficar los conceptos en forma precisa se toma como ejemplo un
diamante single point que deja una huella de ancho (b) sobre la rueda
con una penetración (a), y el cual se desplaza lateralmente realizando
una pasada con avance (f) por un giro de la rueda.
La relación entre el ancho (b) y el avance (f) marca la mayor finura o
rudeza con que se deja la terminación de la rueda; lo indicamos con el
parámetro u=b/f, que denominamos superposición de pasada de
diamantado.

Valores de (u)
pequeños indican
diamantado grueso;
y valores altos,
diamantado fino.
El efecto sobre la
pieza lo indicamos
con el símbolo o
parámetro Ra,
rugosidad
superficial. Esto
mide la calidad
obtenida.

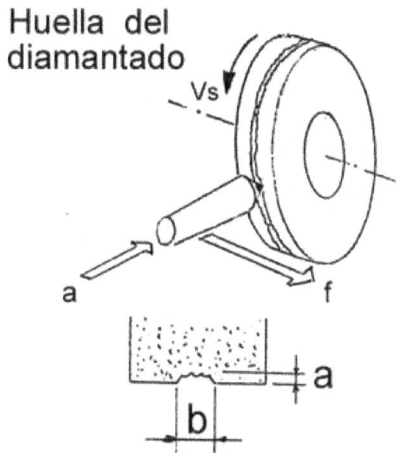

f : paso del avance de diamantado mm/vuelta
a : profundidad de diamantado mm
b : ancho de la huella mm
U = b / f superposición

El primer gráfico indica que para una rueda determinada diamantando
grueso ésta presenta una superficie capaz de realizar un desbaste, y a
medida que mejoramos el diamantado aumentando el valor de (u)
también la calidad mejora, bajando la rugosidad Ra; pero se observa, a
partir de un cierto valor de (u), que ya no se justifica seguir mejorando

la calidad del diamantado, es decir, gastar tiempo en pasadas más lentas del diamante, porque el resultado final no mejora apreciablemente.

En el segundo gráfico comparamos dos ruedas de diferente tamaño de grano, por ejemplo una con grano abrasivo de tamaño # 60 y otra de grano más fino # 120.

Aquí vemos que con un diamantado grueso –digamos de $u = 2$– ambas ruedas producirán un acabado superficial de calidad similar, pero la rueda de grano más fino mejorará la rugosidad de la pieza si se diamanta con cuidado, por ejemplo con un valor de superposición $u = 6$; y a partir de allí no se ganará mucho aumentándolo.

En cambio, con la rueda de grano grueso vale la pena mejorar la calidad del diamantado hasta un valor de aproximadamente $u = 4$ ó 5. Siendo luego imposible mejorar su calidad de terminación, la que por supuesto será inferior a la obtenida con la rueda fina. Pero, de esta comparación surge que con una sola rueda, pensada para lograr una buena terminación superficial, puede también, momentáneamente, realizarse un desbaste sin necesidad de cambiar el montaje de la rueda, solamente modificando la calidad del diamantado.

Hasta ahora observamos los resultados inmediatos después del diamantado, pero a medida que la rueda trabaja, y si no se realizan repasadas con el diamante, las condiciones de rugosidad obtenidas irán modificándose en función de la característica de la rueda y de los parámetros de trabajo.

Por eso es de suma importancia fijar la frecuencia de diamantado.

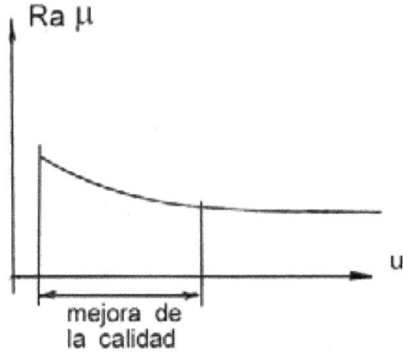

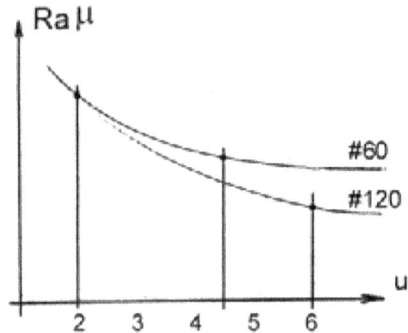

En el gráfico adjunto vemos el caso de una rueda que sin modificar los parámetros de trabajo arranca con diferentes calidades de diamantado. A medida que la rueda trabaja va mejorando su calidad superficial, y en el caso de arranque con un diamantado muy fino, luego va perdiendo calidad para llegar a un valor semejante al anterior. Este valor final, al cual tiende en ambos casos, es una característica propia del sistema y puede ser alterado únicamente con diamantados más frecuentes.

Si, en cambio, la misma rueda la diamantamos con una finura determinada, y luego variamos las condiciones de trabajo, como ser con pasadas más livianas o más pesadas modificando la profundidad de corte, o con más avance, tiende a ubicarse en rugosidades diferentes, aun con el mismo tamaño de grano. Conclusión de resumen:

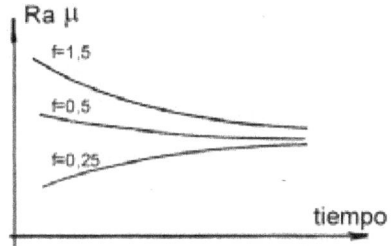

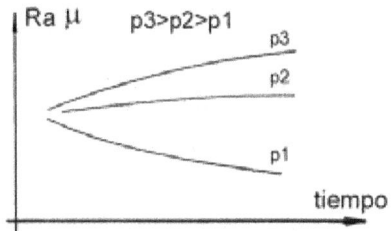

Las condiciones de diamantado determinan fuertemente al principio del trabajo el resultado de rugosidad obtenida, pero, luego de transcurrido un tiempo de trabajo (sin rediamantado), la rugosidad tiende a ubicarse en un valor determinado que es función de los parámetros de trabajo.

La tabla muestra en orden de importancia la influencia de los diversos parámetros. Los cinemáticos de trabajo ya fueron motivo de análisis anterior.

	Para mejorar Ra
1. Vt velocidad de pieza	baja
2. Dureza piedra	alta
3. u cruce de diamantado	aumentar
4. Grano	fino
5. Vs velocidad de rueda	alta
6. p profundidad de pasada	pequeña
7. u de trabajo	alto
8. Dureza del material	alta
9. Uso de refrigerante	sí
10. Balanceo	imprescindible

7. Refrigerantes

En realidad debemos hablar de líquidos refrigerantes y lubricantes, pues ambas propiedades van asociadas para lograr los mejores resultados propuestos.

Durante el proceso de amolado cada grano abrasivo produce un efecto de cizallamiento, de aplastamiento y de rozamiento sobre la superficie que genera una gran cantidad de calor.

Este calor es disipado sólo parcialmente por las virutas desprendidas, lo que significa que la mayor parte de esta energía térmica debe ser soportada por las superficies de contacto, afectando particularmente a la pieza rectificada.

De allí que se requiera la ayuda de un líquido refrigerante y a la vez lubricante para ayudar a reducir y a disipar ese calor generado, el cual puede producir efectos indeseados, como ser manchas de quemado, deformaciones dimensionales o microfisuras.

Por lo tanto, su aplicación se justifica para lograr mejorar los siguientes parámetros de trabajo:

- *Reducir los esfuerzos entre rueda y pieza.*
- *Reducir el efecto térmico dañino sobre la superficie de trabajo.*
- *Mejorar la rugosidad superficial.*
- *Mejorar el rendimiento de la rueda abrasiva.*

Los diferentes tipos de líquidos que pueden utilizarse poseen propiedades fisicoquímicas particulares para atacar con efectividad los siguientes objetivos.

- *Reducir el rozamiento por medio de la formación de una película lubricante estable.*
- *Refrigerar la zona de trabajo evacuando el calor.*
- *Ayudar a la limpieza de los poros de la rueda abrasiva.*
- *Proteger contra la corrosión a la máquina y a la pieza tratada.*

Existen los siguientes tipos de refrigerantes-lubricantes:
a. Aceites de corte no solubles en agua de base mineral.
Tienen una excelente propiedad lubricante, no así refrigerante, y de protección contra la corrosión. también son muy estables a la degradación bioquímica, es decir la rancidez provocada por bacterias.

b. **Emulsiones** *de agua en aceite.*
Son más económicas y de buena disipación térmica.
El contenido de agua es superior al 90% y van acompañados de aditivos, como ser agentes emulsionantes que permiten regular el tamaño de las gotitas de aceite, pudiéndose lograr dispersiones gruesas, finas coloidales y hasta moleculares, siendo las gruesas de color lechoso y las moleculares totalmente transparentes.
Esto es de importancia, pues cuanto más fina la dispersión tanto más estable y con menor tendencia a la descomposición química resulta el líquido. El agua utilizada debe ser pura, evitando contener gérmenes biológicos que luego puedan acelerar la rancidez, lo que se manifiesta por una caída del ph y olor pestilente.
La dureza del agua utilizada tiene importancia, puesto que si es excesivamente blanda tiende a formar espuma con facilidad.
Debe ser neutra, con ph entre 6 y 7, mientras que la emulsión debe tener un índice de basicidad de 8 a 9 para de esa manera garantizar la protección contra corrosión ácida.
Otros **aditivos** *que también se utilizan en los aceites puros permiten formar películas estables a la presión y a la temperatura para mejorar las condiciones de lubricación en esas condiciones.*
Se llaman EP ("extreme pressure") y pueden ser de la familia de los azufrados, clorados o fosforosos. A temperatura de 130°C comienzan a actuar, soportando altas temperaturas tal como indica el gráfico.

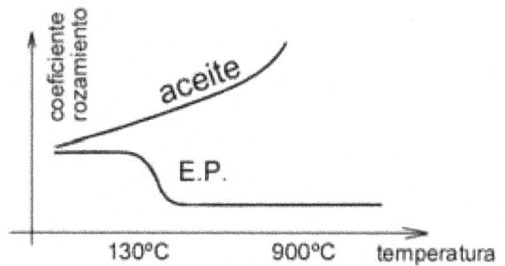

c. **Soluciones acuosas** *con adición de sales o polímeros especiales, sin presencia de aceite. Como ejemplo de este tipo de líquido podemos citar el agua con carbonato de sodio.*
Acá no se requieren agentes emulsionantes, pues se trata de soluciones acuosas, y tienen la ventaja de no producir espuma, de ser resistentes a la degradación biológica y disipar bien el calor, pero son pobres lubricantes y pueden perjudicar las partes lubricadas de la máquina.

Por otra parte, presentan la ventaja de que no generan humo como ocurre con facilidad con los aceites puros.

El mantenimiento de las condiciones adecuadas durante el proceso de trabajo requiere controles físico-químicos, como ser el ph, control visual de color o transparencia, densidad, viscosidad, etc.; y además los sedimentos de los decantadores deben ser eliminados para evitar la formación de un caldo de cultivo para las bacterias acidificantes.

En líneas muy generales puede decirse que para rectificados de precisión, con muy poca cantidad de material removido por unidad de tiempo, los líquidos que contienen agua pueden superar a los aceites minerales, mientras que en el desbaste los aceites son superiores en todo sentido.

En el análisis de la eficiencia del líquido refrigerante es decisivo también disponer de un buen sistema de filtrado, de decantación y separación del líquido circulante. Sus diseños son muy variados y su prestación depende en parte del sistema de trabajo.

Dispositivos proyectores
La proyección o inyección del líquido en la zona de trabajo es de vital importancia. La presión y el diseño de la tobera deben garantizar que el líquido llegue a la zona de trabajo o de contacto. Los diagramas muestran la disposición adecuada.

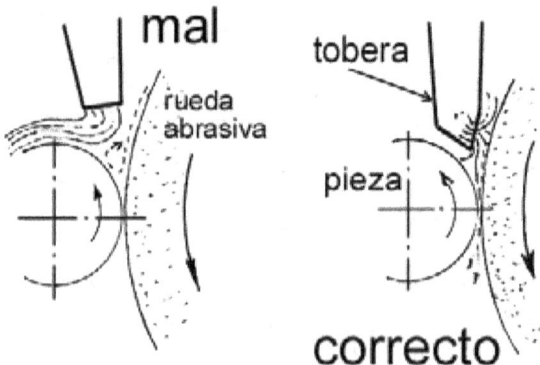

8. Rendimientos y costos

El análisis difiere según se trate de:
- *Rectificado de precisión.*
- *Desbaste.*

En el primer caso interesa el resultado que satisfaga las exigencias de calidad, no interesando en primera instancia el costo que implique.
Pero en el caso del desbaste resulta primordial el análisis de costos, tal como se describe a continuación.
El costo final de una operación de amolado resulta de dos aspectos diferentes:
Por un lado, el consumo y desgaste de la rueda abrasiva, que tiene un precio y por lo tanto genera un costo expresado en $ por kg abrasivo consumido:

$$Cs = \$ / kg \; abras.$$

Según la rapidez con que se logra la operación, el costo laboral (mano de obra y taller) resulta en

$$Cl = \$ / hora$$

Por otro lado, tenemos que la rueda abrasiva actúa removiendo el metal a un ritmo determinado que se indica con

$$W = kg \; metal / hora,$$

equivalente en peso al Q volumétrico visto anteriormente.
Y se desgasta a un ritmo de acuerdo a una "potencia de amolado" expresada por

$$S = kg \; abras. / hora.$$

Según la calidad o dureza del abrasivo ambos parámetros se relacionan por el factor de rendimiento:

$$G = W / S \qquad Kg \; metal / kg \; abras.$$

El costo horario de la operación debe ser referido a 1 kg de metal removido, por lo tanto tendremos:

$$CS = Cs \; x \; S / W \qquad \$ / kg \; metal.$$

Y el costo laboral:

$$CL = Cl / W \qquad \$ / Kg \; metal.$$

Con lo cual el costo total resulta: $CS + CL = Cs \; x \; S / W + Cl / W$.

$$\boxed{CT \; \$ \; por \; Kg \; metal = \; Cs / G + Cl / GxS \qquad \#1}$$

El gráfico supone que G es independiente de la potencia de amolado S.

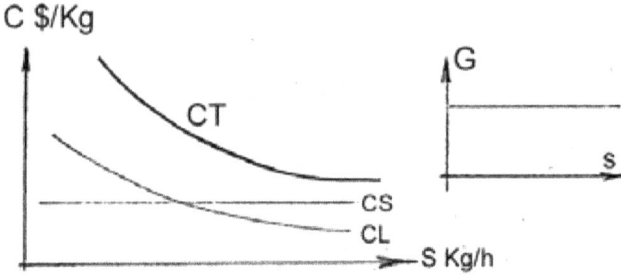

En el gráfico tomamos como variable de referencia la potencia de amolado. Pero resulta de la experiencia que el factor G no se mantiene constante, sufriendo una caída con el aumento de las exigencias de amolado. Esto puede expresarse gráficamente con la curva de la figura. Siendo G decreciente con el aumento de S, resulta que los costos, de acuerdo a la relación #1, comenzarán a aumentar si el aumento de S no compensa dicha caída. CS en particular tendrá una forma creciente, y esto refleja una destrucción excesiva del abrasivo.

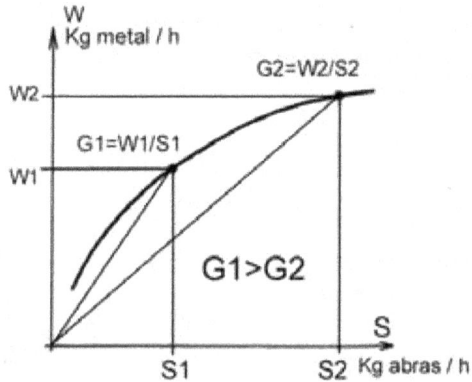

*Gráficamente los costos quedan expresados de la siguiente forma. Por lo tanto el CT tendrá un valor **mínimo óptimo** para un valor de S determinado.*

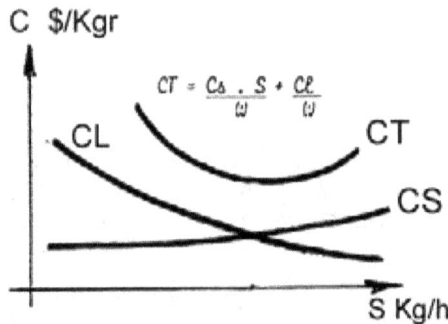

¿Qué ocurre cuando variamos la calidad del abrasivo o su dureza?
Veamos cuatro casos según la elección de la rueda abrasiva.

Datos:	Punto 1	Punto 2	Punto 3	Punto 4
W kg/h	20	30	30	20
S kg/h	3	4,5	3	2
G = W/S	6,6	6,6	10	10
Cs $/kg	8	8	10	8
Cl $/h	50	50	50	50

$$CS = \frac{CsxS}{W} \qquad \frac{8x3}{20}=1,2 \qquad \frac{8x4,5}{30}=1,2 \qquad \frac{10x3}{30}=1 \qquad \frac{8x2}{20}=0,8$$

$$CL = \frac{Cl}{W} \qquad \frac{50}{20}=2,5 \qquad \frac{50}{30}=1,66 \qquad \frac{50}{30}=1,66 \qquad \frac{50}{20}=2,5$$

| CT = CS + CL | 3,7 | 2,86 | **2,66** | 3,3 |

A partir del punto 1, para mejorar los costos necesitamos que se gaste
menos abrasivo, ya sea bajando S o aumentando W.
Si optamos por aumentar la dureza disminuimos S sin afectar
mayormente a W, y se reduce el CS pero no mejora el CL (punto 4).
Pero, si buscamos un abrasivo de mejor calidad en cuanto a su
rendimiento, aunque se gaste más rápidamente (punto 2), si logra
remover el metal con mayor rapidez
(W más alto) entonces CS y CL
pueden verse simultáneamente
disminuidos. Mejor aún si se puede
mejorar W sin aumentar S (punto
3). La conveniencia queda definida
por la relación de costos Cs y Cl.
En general puede recomendarse lo
siguiente:

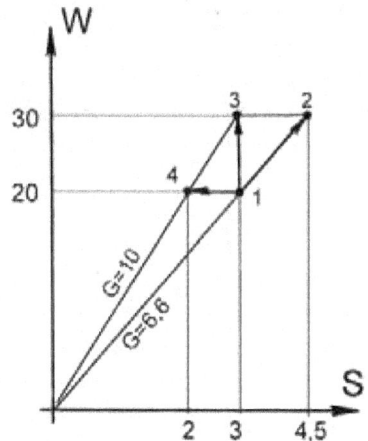

El aumento de W, abrasivo más caro y
sin excesiva dureza, beneficia más
fuertemente el costo final que una
disminución de S por aumento de la
dureza de la rueda.

9. Precauciones generales

Las ruedas cerámicas requieren un cuidadoso manipuleo, puesto que son sensibles a rajaduras por golpes, pero la liga es muy estable y no sufre deterioro por envejecimiento, por lo que puede permanecer almacenada sin perder propiedades mecánicas; cosa que no ocurre con la liga bakelita, en la cual debe tenerse en cuenta que la humedad ambiental actúa produciendo su gradual deterioro, por lo que no es conveniente tenerla almacenada durante un tiempo excesivo.

Como regla orientativa puede aconsejarse no más 6 meses en un ambiente lo más seco que sea posible. Por supuesto, lo antedicho vale también para los discos de corte que debido a su relación superficie expuesta a masa más desfavorable están más expuestos al deterioro.

Es de fundamental importancia trabajar en máquinas que tengan la protección adecuada, o sea una cubierta de buen espesor y de acero o de fundición tenaz, debiéndose evitar el aluminio o aleaciones livianas. Si es posible también cerradas lateralmente, para evitar el desprendimiento por rebote hacia los costados.

En la figura (b) se muestra un buen diseño que permite ajustar la abertura delantera. Dado que las partículas que se desprenden de un cuerpo rotante se despiden tangencialmente –ver fig. (a)–, debe mantenerse la abertura lo más pequeña que sea posible.

Una buena propuesta del comité de piedras esmeriles alemán es el agregado de una cubierta interior que se desprenda en caso de rotura de la rueda, siendo arrastrada por los fragmentos de ésta y cerrando la abertura, como se indica en la figura (c).

En el caso ineludible de tener que prescindir de la cubierta protectora debe recomendarse el uso de piedras tipo 4 cónicas en ambas caras, donde debido al efecto de acuñamiento entre bridas, según figura (d), y al sobredimensionamiento relativo de la zona del buje, se logra mayor seguridad. En este caso las bridas deben tener un diámetro equivalente a la mitad de la rueda, mientras que con ruedas rectas esta proporción debe aumentarse a 2/3.

En máquinas normales, con la protección adecuada, se deben usar bridas ahuecadas con un diámetro mínimo de un tercio del de la rueda. Debe recordarse que cuanto más grandes son las bridas tanto mayor es la seguridad en el trabajo. Ambas bridas deben ser de igual diámetro y no usar montajes defectuosos, como indica la figura (e).

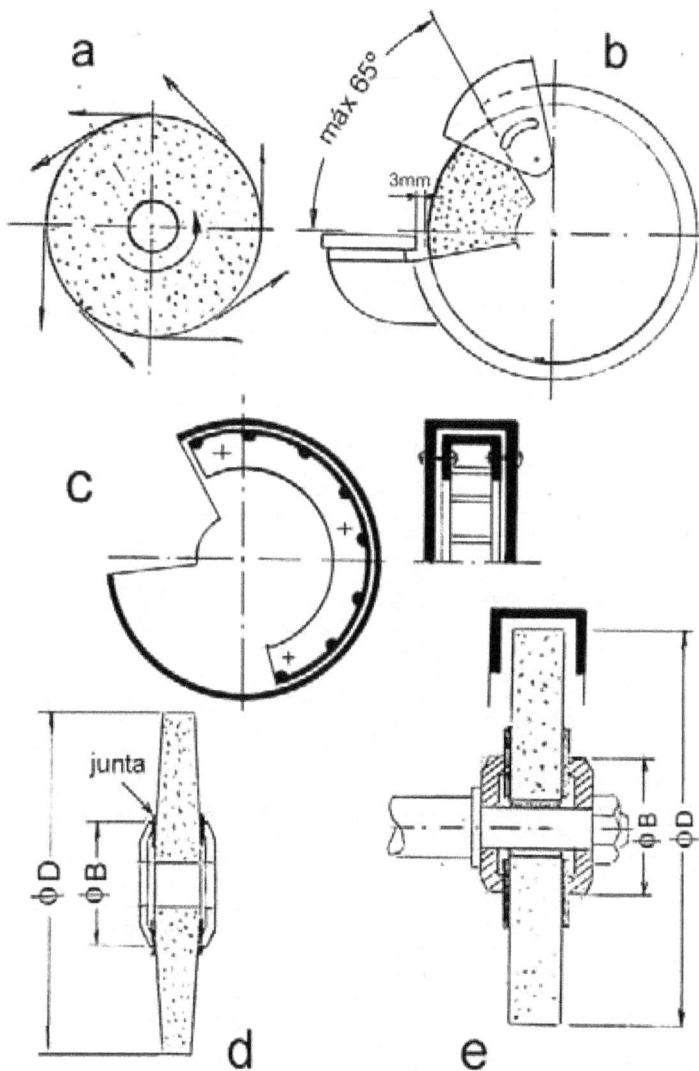

En el momento del montaje de una rueda nueva se recomienda seguir seis pasos de control sin omitir ninguno, tal como se indica en el cuadro adjunto.

Incorrecto

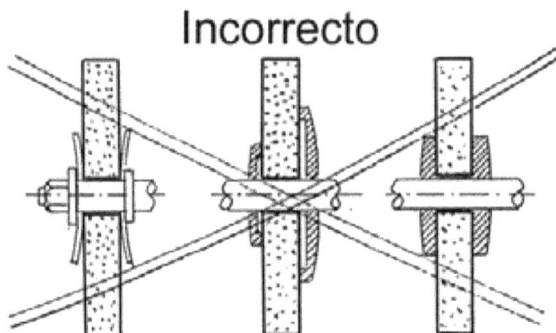

Pasos de control de montaje
1. Si se trata de una rueda nueva, observar si no se detecta alguna fisura o cualquier otra anomalía.
2. Si es liga cerámica, realizar la prueba de sonido sosteniéndola por el buje y golpeándola suavemente con el mango de un destornillador. El sonido emitido debe ser claro y cristalino como un diapasón, lo que indica una estructura sana. Debe advertirse que este ensayo no excluye microfisuras o tensiones internas. No es válido para liga bakelita.
3. Colocarla en la máquina con las bridas adecuadas y acolchadas por medio de las etiquetas de cartón, pudiendo usarse varias.
4. No golpear la rueda ni la tuerca de ajuste, sino apretar suavemente con la llave o herramienta adecuada.
5. Asegurarse que las rpm de la máquina sean las adecuadas al diámetro de la piedra y de su liga o característica de fabricación.
6. En máquinas de pedestal, ajustar la placa de apoyo a 3 mm de la periferia, y antes de proceder a trabajar dejar girar en vacío unos minutos. En caso de notar vibraciones por desbalanceo, reenviar a la fábrica o proceder a su balanceo con las pesas de las bridas en máquinas de precisión.

Balanceo

Una rueda rectificadora desbalanceada produce graves errores de calidad en la terminación; por eso es de gran importancia que la rueda venga de fábrica correctamente balanceada.

Durante la fabricación de las ruedas amoladoras puede quedar, después del prensado y mecanizado, un cierto desbalanceo que se controla y corrige en la fábrica por medios que no afectan su correcto funcionamiento.

En el caso de ruedas grandes se encuentra marcada la zona más pesada residual de modo que al ser montada, la luz o juego de montaje tiende a compensarlo. Por ello el fabricante indica la zona que debe colocarse hacia arriba en el montaje sobre el husillo de la máquina.

Jamás debe intentarse colocar plomo en cavidades bajo la etiqueta, porque se debilita la zona en la que es más peligrosa una posible rotura.

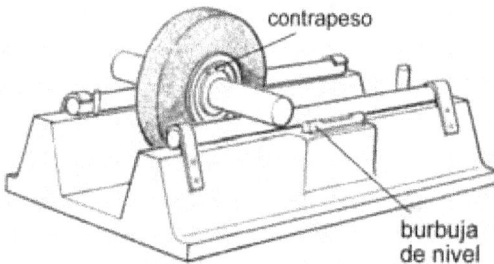

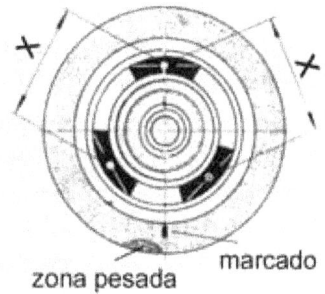

En máquinas con bridas que tienen contrapesos regulables en una cola de milano, el usuario dispone de una balanza niveladora de balanceo donde los contrapesos deben girarse de modo de lograr el mejor equilibrio.

Para ello, una vez detectada y marcada con tiza la zona pesada, deben corregirse las distancias (x), llevando simétricamente ambos contrapesos hacia arriba hasta lograr el mejor equilibrio.

10. Seguridad y almacenaje

Las ruedas abrasivas son cuerpos giratorios sometidos a fuerzas centrífugas que generan tensiones en su masa y que pueden provocar su rotura.

La resistencia de materiales enseña que en un disco giratorio con montaje de bridas "débil" sobre el borde interior, se generan tensiones de tracción en sentido radial y en sentido tangencial, las que se distribuyen como indican los diagramas adjuntos.

De allí se observa que las tensiones máximas, contrariamente a lo que indicaría la intuición, se ubican en el borde interior y corresponden a las que actúan en sentido tangencial.

Por lo tanto, si la velocidad de giro es excesiva y supera la resistencia de la liga, la rueda comienza a romperse o rajarse del centro hacia la periferia. Este análisis elástico lleva a la conclusión que para mejorar la resistencia a la rotura de una rueda debe reforzarse la zona del núcleo o buje.

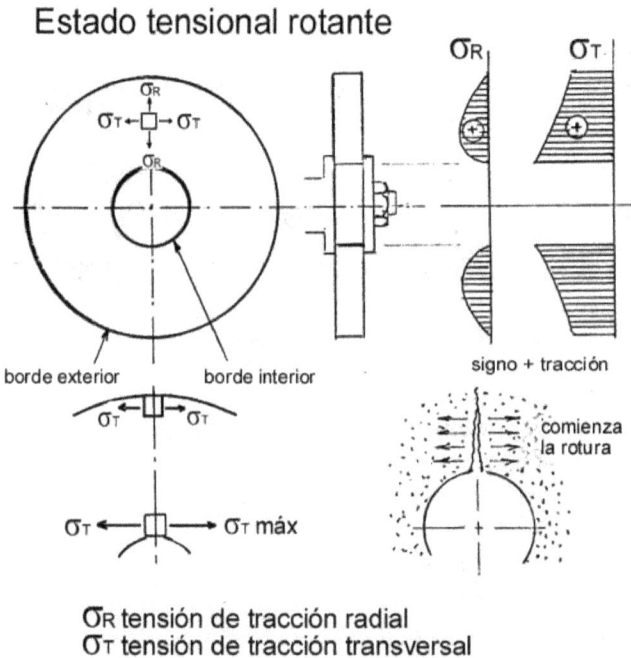

Estado tensional rotante

σ_R tensión de tracción radial
σ_T tensión de tracción transversal

Un

*agujero más grande es peligroso, pues σt máx. se hace mayor, salvo que
las bridas sean mayores y aprieten firmemente anulando las tensiones
en su interior. Desde el punto de vista elástico resistencial, las bridas
que actúan como un soporte pasan a ser un elemento estructural del
disco giratorio.*
*En base a este análisis, las figuras muestran posibles soluciones para
aumentar la resistencia a la velocidad de rotación.*

soluciones posibles

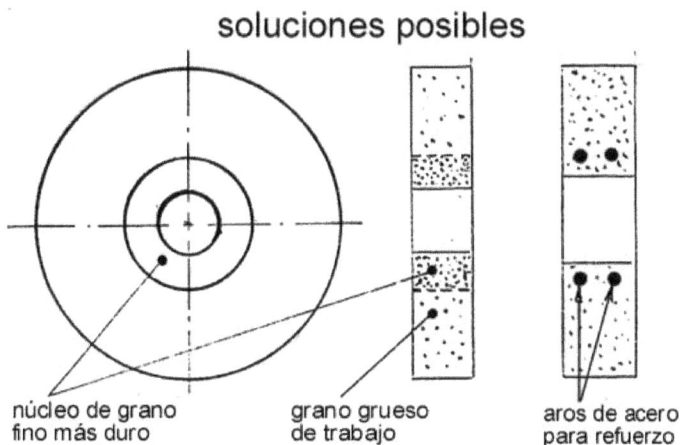

núcleo de grano
fino más duro

grano grueso
de trabajo

aros de acero
para refuerzo

Almacenaje
*Las ruedas de bakelita son sensibles a la humedad ambiental, que las
degrada con el tiempo, lo que las limita en su vida útil.*
*Las de liga cerámica deben manejarse con cuidado, evitando los
golpes; y en caso de dudas se recomienda enviar la rueda al fabricante
para que realice una nueva prueba de centrifugado para control de
rotura.*
*Los discos pueden apoyarse planos, pero sobre una base rígida de
acero o cerámica.*
*El rack debe diseñarse de manera tal que no asomen partes salientes de
las ruedas que puedan ser golpeadas al pasar, y debe ubicarse*

obviamente en una zona seca de la fábrica (por ejemplo, evitar un sótano que pueda ser húmedo).

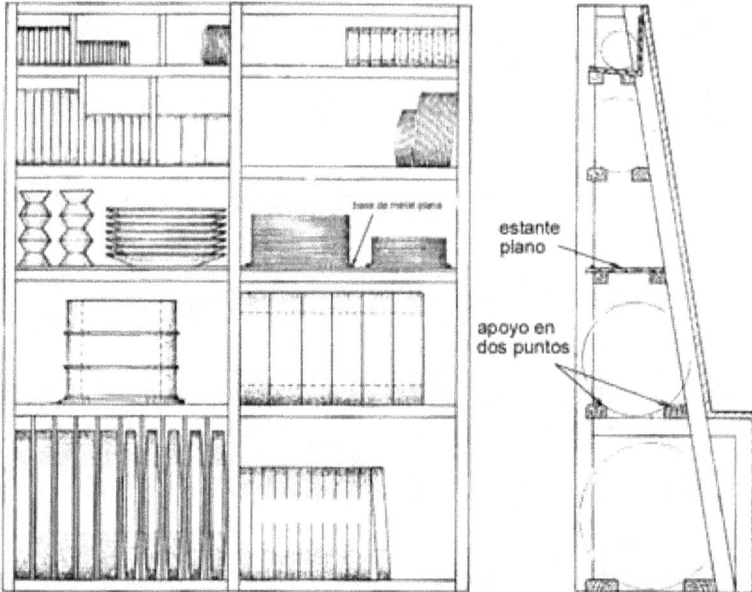

Rack de almacenaje construido en madera

Bibliografía

*Autores varios (Schönmetz – Sinnl – Reiter – Mittemayr – Heuberger).
"Fachkunde für Metallberufe". Editoria: Bohmann Verlag Wien*

*Kenneth Lewis – William Schleicher. "The Grinding Wheel". Editorial:
Grinding Wheel Institute.*

*Wilfried König. "Fertigungsverfahren: Schleifen, Honen, Läppen".
Editorial: VDI Verlag (Verein Deutscher Ingenieure).*

V. Loskutov. "Rectificación de metales". Editorial: MIR Moscú.

"Schleifmittelwerk Seiffert". Dusseldorf. Guía práctica.

*"Máquinas herramientas: Rectificado. Formación profesional y cultura
técnica industria metalmecánica". Editorial Gustavo Gili, Barcelona.*

Jorge Capotorto. "Abrasión y rectificado". Edición del autor.

Ing. Robert Gauger. "Winter: herramientas diamantadas y CBN".

DAC bulletin: Diamond Abrasives Corporation.

*E. L. Manson – Chien Ming Sun. "Design and properties of
superabrasives". Editor: General Electric.*

"Mecanizar con Tyrolit: catálogo de aplicaciones".

*"Jahrbuch: Schleifen, Honen, Läppen und Polieren".
Anuario de fabricantes alemanes e internacionales.*

www.ingramcontent.com/pod-product-compliance
Lightning Source LLC
Chambersburg PA
CBHW072253270326
41930CB00010B/2368